17814

TRAITÉ
DE LA
JUSTIFICATION,
PAR
JEAN CALVIN.

Traduit du Latin de son Institution de la Religion Chrêtienne.

Par JEAN DE LABRUNE, Pasteur Réfugié à Schoonhoven.

A AMSTERDAM;
Chez JEAN GARREL, dans le Kalver-straat.

M. DC. LXXXXIII.

AVERTISSEMENT.

IL y a long temps que les bonnes ames soûpirent aprés une Traduction de l'Institution de la Religion Chrêtienne, que Calvin composa vers le commencement du Siécle passé, pour l'instruction, & pour la consolation des Eglises naissantes de France. Cet excellent Ouvrage, tel qu'il est en François, est si peu intelligible en une infinité d'endroits, à cause des changemens extraordinaires

AVERTISSEMENT.

qui sont arrivez à nôtre Langue, depuis le Régne de François Premier qu'on ne peut presque plus s'en servir. J'avouë que ceux qui ne demandent qu'à s'instruire ne laissent pas d'y trouver les instructions qu'ils y cherchent. Mais il faut pourtant demeurer d'accord que si presentement ce Livre étoit traduit du Latin, l'édification qu'ils en retirent seroit infiniment plus grande : outre qu'il y a bien des gens qui ne le lisent point, qui le liroient sans doute, si le Langage en étoit moins rude, &

moins

AVERTISSEMENT.

moins éloigné de celui qui est maintenant en usage. Il est surprenant que jusqu'ici, il ne se soit trouvé personne qui ait entrepris ce travail, vû la grande utilité qu'en eussent reçû ceux qui n'entendent pas la Langue Latine. Dieu m'a mis au cœur de l'entreprendre, & j'espére qu'il me fera la grace de l'achever, puis que je ne l'entreprens que pour sa gloire, & pour l'édification de l'Eglise. J'en donne aujourd'hui un Essai. Et si j'ai choisi la matiére de la Justification plûtôt qu'une autre, c'est que

AVERTISSEMENT.

que cette matière étant l'abregé de tout ce que la Religion Chrêtienne contient d'instructions salutaires, & de consolations solides pour ceux qui l'entendent; on ne pouvoit trop se haster de la mettre en état d'être bien entenduë du peuple, sur tout dans un temps où l'intelligence en est devenuë si nécessaire. Ceux qui prendront la peine d'examiner ce Traité sentiront que j'ai fait mes efforts pour donner une Traduction fidelle; que je me suis moins attaché à polir mon stile qu'à le rendre clair; &
que

Le Chapitre 11 & les sept suivans du 3. Livre de l'Institution

AVERTISSEMENT.

que si je me suis écarté quelquefois des tours de Calvin, ce n'est que dans des endroits, où il étoit impossible de faire autrement à cause du différent génie des deux Langues. Ie me flatte qu'on acceptera ces foibles efforts, mon unique but dans cette Traduction n'étant que d'aider à confondre l'orgueil, en humiliant l'homme, & en exaltant la miséricorde de Dieu, & le mérite de Iesus Christ nôtre Eternel Rédempteur, car c'est en cette seule miséricorde, & en ce seul mérite que nôtre foi embrasse,

&

AVERTISSEMENT.

& nullement en nos œuvres, que consiste nôtre Iustification, comme on le va voir d'une maniére claire & démonstrative.

Prompt et Sincere

JEAN CALVIN,
Pasteur et Professeur de l'Eglise de Geneve.

TRAITÉ DE LA JUSTIFICATION.

CHAPITRE PREMIER.

De la Justification par la foi, & premièrement du terme de justifier, & de la nature de la Justification.

J'Ai expliqué ailleurs avec assez d'exactitude, ce semble, comment il ne reste qu'un seul

seul refuge de salut aux hommes, sçavoir la foi, puis qu'il est veritable que par la Loi, ils sont tous maudits. Il me semble encore que j'ai suffisamment fait voir, ce que c'est que la foi, quelles graces de Dieu elle communique à l'homme, & quels fruits elle produit en lui. Or tout ce que j'ai dit se réduit à ceci, c'est que nous recevons & que nous possedons par la foi Jesus Christ, qui nous est presenté par la bonté de Dieu, & qu'en participant à lui nous obtenons une double grace. La premiére, qu'étant réconciliez

à

à Dieu par son innocence ; au lieu d'avoir un Juge au Ciel pour nous condamner, nous y avons un Pere miséricordieux & propice. La seconde, que nous sommes sanctifiez par son Esprit, pour nous adonner à la sainteté & à l'innocence de vie. Quant à la régénération, qui est la seconde grace, il en a été parlé, autant que je l'ai jugé nécessaire. Pour ce qui regarde la Justification, cette matiére a été plus legérement touchée, premiérement, parce qu'il étoit d'une nécessité indispensable de faire connoître, que la foi n'est pas une vertu oisive & destituée des bonnes œuvres, encore que ce soit par la seule foi que nous obtenons en la miséricorde de Dieu une justice gratuite ; & en second lieu, parce qu'il n'étoit pas moins nécessaire de sçavoir quelles sont les bonnes œuvres des Saints, ce qui fait une partie de la question que nous avons à traiter. Il faut donc maintenant que nous considérions plus au long ce poinct de la Justification par la foi, & que nous le considérions de telle maniére, qu'il nous souvienne, que

que c'est le principal article de la Religion Chrêtienne, afin que bien loin de le négliger nous y apportions toute nôtre attention & tout nôtre soin : car comme nous n'avons aucun fondement pour établir nôtre salut, si nous ne sçavons en quel état nous sommes auprés de Dieu & quel est son jugement & sa volonté à nôtre égard, nous n'avons aussi aucun fondement pour nous édifier en la piété & la crainte de Dieu. Mais la nécessité de bien entendre cette matiere paroîtra mieux par l'intelligence que nous en aurons. II.

II. Cependant, pour n'échoüer point, dès le premier pas, ce qui arriveroit, si nous disputions d'une chose incertaine, il faut que nous expliquions premiérement ce que signifient ces expressions: *Etre justifié devant Dieu, & être justifié par la foi, ou par les œuvres.* Celui-là est dit être justifié devant Dieu, qui est réputé juste devant son jugement & qui lui est agréable en conséquence de sa justice: car comme l'iniquité est abominable devant Dieu, aussi le pécheur ne peut trouver grace devant sa face

Ce que c'est qu'être justifié devant Dieu.

entant que pécheur & tandis qu'il est réputé tel. Car par tout où se trouve le péché, là se manifeste la colere & la vangeance de Dieu. Celui-là donc est justifié, qui n'est point réputé pécheur, mais juste; & un tel homme peut subsister devant le Trône judicial de Dieu, devant lequel tous les pécheurs sont renversez & rendus confus. Supposons qu'un homme accusé à tort, aprés avoir été examiné par un Juge équitable, soit renvoyé absous & déclaré innocent, on dira qu'un tel homme a été justifié dans les formes de la

justice. Ainsi nous disons que l'homme est justifié devant Dieu, lors qu'il est séparé du nombre des pécheurs, & qu'il a Dieu pour le témoin & pour l'appui de sa justice. Quant à la seconde expression, nous disons que l'homme est justifié devant Dieu par ses œuvres, lors que la vie de cet homme est si pure & si sainte, qu'il mérite à cause de cela que Dieu lui rende témoignage de sa justice devant son Siége judicial, ou bien lors que cet homme, par l'intégrité de ses œuvres, est en état de répondre &
de

<small>Ce que c'est qu'être justifié par les œuvres & par la foi.</small>

de satisfaire devant le jugement de Dieu. Au contraire, celui-là sera dit justifié par la foi, qui étant exclus de la justice des œuvres, embrasse par la foi la justice de Jesus Christ, de laquelle étant revêtu, il comparoît devant la face de Dieu, non comme pécheur, mais comme juste. Ainsi nous disons, pour ne nous exprimer que d'une maniére simple, que nôtre justice devant Dieu est une acceptation, par laquelle Dieu nous recevant en sa grace nous tient pour justes. A quoi nous ajoûtons que cette justice consiste en la

Definition de la Justification.

la rémission des péchez, & en ce que la justice de Jesus Christ nous est imputée.

III. Nous avons plusieurs témoignages de l'Ecriture pour confirmer ce que nous disons, & ces témoignages sont si clairs, qu'on ne peut nier que ce ne soit la propre signification du mot & même la signification la plus usitée. Mais parce qu'il seroit trop long de recueillir tous ces témoignages pour les comparer les uns avec les autres, il suffira de dire quelque chose en maniére d'avertissement, à ceux qui liront ce Traité, & cette ma-

Justification.

matiére s'éclaircira d'elle-même. J'en alléguerai donc en petit nombre, mais des plus exprés. Premiérement quand S. Luc rapporte que le peuple ayant ouï Jesus Christ *justifia Dieu*, & quand Jesus Christ prononce, *que la Sapience a été justifiée par tous ses enfans*, cela ne veut pas dire que les hommes communiquent à Dieu sa justice, puis que la justice demeure toûjours entiére en lui, quoi que tout le monde tâche de l'en dépoüiller ; ou bien qu'ils puissent rendre la doctrine du salut juste, puis qu'elle est

Luc 7. 29. 35.

est juste de soi-même : mais le sens est, que ceux dont il est parlé ont attribué à Dieu & à sa parole la loüange qui leur étoit dûë. Au contraire, lors que Jesus Christ reproche aux Pharisiens, *qu'ils se justifient eux-mêmes*, il ne veut pas dire qu'ils tâchassent d'aquerir la justice, en bien faisant, mais il veut faire sentir, que poussez par leur ambition ils faisoient leurs efforts pour aquerir la reputation d'être justes, quoi qu'ils fussent vuides de toute justice. C'est ce que peuvent mieux entendre ceux

Luc 16. 15.

ceux qui sont versez dans la Langue Hebraïque, qui appelle *coupables*, non seulement ceux qui sont veritablement méchans & qui le sentent, mais ceux-là même qui sont condamnez comme tels. Car lors que Bethsabée dit qu'elle & son fils Salomon seront *coupables*, 1. Rois 1. 21. elle ne veut pas dire qu'ils le seront effectivement & qu'ils seront chargez de crimes, elle se plaint seulement, qu'elle & son fils seront exposez à opprobre & qu'ils seront mis au rang des malfaiteurs & de ceux qui méritent d'être condamnez.

Et

Et il paroît par le fil du texte, que ce Verbe même en Latin ne se peut autrement prendre que pour être réputé juste, c'est à dire relativement, comme on parle, & qu'il n'emporte point une qualité d'effet. Quant au sujet present que nous traitons, lors que S. Paul dit, que l'Ecriture a prévû, *que Dieu justifie les Gentils par la foi*, que pouvons-nous entendre, si ce n'est que par la foi il les reçoit comme justes & leur impute la justice ? D'ailleurs, quand il dit, *que Dieu justifie le méchant qui croit en*

Galat.
3. 8.

en Jesus Christ, quel peut être le sens de ces paroles, sinon qu'il delivre les méchans de la damnation que leur impiété méritoit ? Il parle encore plus clairement, car il conclut de cette maniére : *Qui sera celui qui condamnera ? Christ est celui qui est mort, & qui plus est, il est ressuscité : il est assis à la dextre de Dieu & il prie même pour nous.* Car c'est tout de même que s'il disoit ; Qui est-ce qui accusera ceux que Dieu absout ? Qui est-ce qui condamnera ceux dont Jesus Christ a pris la cause en main

Rom. 4. 5.

Rom. 8. 33.

main pour être leur Avocat & pour les défendre ? Justifier donc n'est autre chose sinon absoudre celui qui étoit accusé, tout de même que si son innocence étoit approuvée. Cependant, quoi que Dieu nous justifie par l'intercession de Jesus Christ, il ne nous absout point, entant que nous soyons innocens, mais en ce qu'il nous répute justes en Jesus Christ gratuitement, quoi que nous ne le soyons pas en nous-mêmes. C'est ce qui est expliqué dans la Prédication de Saint Paul au 13. du Livre des Actes,

Actes, quand il dit: *Sçachez donc, hommes freres, que la rémission des péchez vous est annoncée par Jesus Christ : & que de toutes les choses dont vous n'avez pû être justifiez par la loi de Moyse, quiconque croit en lui est justifié par lui.* Nous voyons que la Justification est mise dans ce Passage, aprés la rémission des péchez, comme une explication. Nous voyons que la Justification est ôtée aux œuvres. Nous voyons que c'est une pure grace en Jesus Christ. Nous voyons enfin que la satisfaction de Je-

Act. 13. 38.

Jesus Christ est interposée, parce que c'est par Jesus Christ que nous obtenons un tel bien. De cette maniére, lorsqu'il est dit que le Péager *descendit*, du Temple, *justifié en sa maison*, nous ne pouvons pas dire qu'il eût acquis la justice dont il étoit revêtu par aucun mérite de ses œuvres: mais nous devons dire, qu'aprés avoir obtenu le pardon de ses péchez, il fut réputé juste devant Dieu. Car en effet, il ne fut point justifié par la dignité de ses œuvres, mais par une absolution gratuite. Ainsi S. Ambroise

Luc 18. 14.

Iustification.

broise a eu raison de dire ; que la confession de nos péchez est nôtre véritable Justification. *(Sur le Pseaume 118 Sermon 10.)*

IV. Mais pour ne disputer plus sur la signification du terme, si nous considérons bien la chose en elle-même, il n'y aura nulle difficulté : car S. Paul dans son Epître aux Ephesiens se sert du mot d'*acceptation*, lorsqu'il veut assurer que Dieu nous justifie. *Nous sommes, dit-il, prédestinez, pour être adoptez à Dieu, par Iesus Christ, selon le bon plaisir de sa volonté, à la loüange de la gloire de sa grace,* *(Ephes. 1. 5.)*

par

20 *Traité de la*
par laquelle il nous a acceptez, ou rendus agréables en son Fils bien aimé. Par ces paroles il ne veut signifier autre chose que ce qu'il dit en d'autres endroits, que Dieu nous justifie gratuitement. Et en son Epître aux Romains, il dit d'abord que nous sommes justifiez, entant que Dieu nous répute tels par sa grace, & il ne balance point à faire consister nôtre Justification en la rémission des péchez. *Aussi David*, dit-il, *exprime en quoi consiste la beatitude de l'homme a qui Dieu impute la justice sans les œuvres,*

Rom. 3. 23.

res, quand il dit. *Bien-heureux sont ceux dont les iniquitez sont pardonnées & dont les péchez sont couverts. Bien-heureux l'homme a qui le Seigneur n'aura point imputé son péché.* Certainement il ne traite pas là d'une partie de la Justification, mais de la Justification toute entiére. Or il déclare que David en a donné lui-même la définition, lors qu'il prononce bienheureux ceux qui ont obtenu le pardon gratuit de leurs péchez: tellement qu'il paroît qu'il regarde ces deux choses comme opposées; *être justifié, & être te-*

Rom. 4. 6. 7. 8.

nu pour coupable. Mais il y a un Paſſage encore plus fort pour prouver ce que je dis, c'eſt celui auquel il enſeigne, que le ſommaire de l'Evangile eſt *de nous réconcilier avec Dieu*, parce que Dieu nous veut recevoir en grace par Jeſus Chriſt, *ne nous imputant point nos péchez.* Qu'on liſe la ſuite du texte, & on verra qu'immédiatement aprés il ajoûte, que Chriſt, qui étoit pur, & net de péché a été fait péché pour nous, déſignant par cette expreſſion le moyen de nôtre réconciliation avec Dieu: or

2. Corint. 5. 18. 19.

or il n'entend autre chose par le terme de réconcilier, que justifier. En effet, ce qu'il dit dans un autre lieu, sçavoir, *que nous sommes rendus justes par l'obéissance de Jesus Christ*, ne sçauroit recevoir un bon sens, si nous n'étions réputez justes en lui, & hors de nous-mêmes.

Rom. 5. 19.

V. Mais parce qu'Osiander a introduit, de nôtre temps, un je ne sçai quel monstre de justice essencielle, par laquelle bien qu'il n'ait pas voulu abolir la justice gratuite, il l'a néanmoins tellement envelop- pée

Erreur d'Osiander.

pée de tenebres, que les ames pieuses ne sçauroient bien comprendre la grace de Jesus Christ en une telle obscurité; il est nécessaire de réfuter un tel égarement d'esprit, avant que de passer plus outre. Premiérement, cette spéculation n'est qu'une vaine curiosité. Il ramasse, je l'avouë, une infinité de Passages de l'Ecriture, pour prouver que Jesus Christ est un avec nous, & que nous sommes un avec lui : mais comme c'est une chose que personne ne conteste, c'est une preuve qui est superfluë. Cependant, comme il n'observe

Justification. 25

ve point quel est le lien de cette unité, il se jette lui-même dans des liens dont il ne se peut débarrasser. Pour nous, qui sçavons que nous sommes unis à Jesus Christ par la vertu secrette de son Esprit, il ne nous est pas difficile de soudre toutes les difficultez. Cet homme dont je parle s'étoit forgé quelque chose qui approchoit fort de la pensée qu'avoient les Manichéens, que l'ame étoit de l'essence de Dieu. De cette erreur il s'en est forgé une autre, c'est qu'il explique, qu'Adam a été formé à l'image de Dieu, parce qu'a-

vant

vant sa chûte, Jesus Christ avoit été destiné pour être le Patron de la nature humaine. Mais comme je veux être court, j'insisterai seulement sur ce que le sujet requiert. Osiander dit, que nous sommes un avec Jesus Christ. Je le confesse. Mais je lui nie que l'essence de Jesus Christ soit mêlée avec la nôtre. Ie dis aussi que c'est sans raison qu'il tire ce principe pour établir ses illusions, sçavoir, que Iesus Christ nous est justice, parce qu'il est Dieu éternel, la source de la justice & la justice même de Dieu. Ie prie les Lecteurs de me pardonner

ner, si je touche maintenant en peu de paroles des points que je me réserve de déduire ailleurs, parce que l'ordre le requiert ainsi. Or bien qu'il proteste que par ce mot de justice essencielle il ne prétend que de renverser cette opinion, que nous sommes réputez justes à cause de Iesus Christ, toutefois il fait voir assez clairement qu'il ne se contente pas de la justice qui nous a été aquise par l'obéissance de Iesus Christ & le sacrifice de sa mort, puisqu'il s'imagine que nous sommes justes substanciellement en Dieu, par une infusion

sion de son essence. Car c'est la raison qui l'oblige à soûtenir avec tant de véhémence, que non seulement Iesus Christ, mais le Pere & l'Esprit habitent en nous, ce que je confesse être veritable, mais je dis qu'il le prend en un mauvais sens. Il faloit qu'il examinât la maniére d'habiter, sçavoir, que le Pere & l'Esprit sont en Iésus Christ: & comme toute plénitude de Divinité habite en lui, aussi par lui nous possédons Dieu entiérement. Ainsi tout ce qu'il met en avant, du Pere & de l'Esprit, séparément de Jesus Christ, ne tend

tend qu'à en détourner les simples & à les en éloigner. De plus, il introduit un mélange substanciel, par lequel Dieu s'écoulant en nous, nous fait une partie de soi-même. Car il compte presque pour rien que nous soyons unis à Jesus Christ par la vertu de son Esprit, & qu'étant nôtre Chef il nous fasse ses membres, si son essence n'est mêlée avec la nôtre. Mais sur tout, en soûtenant que la justice que nous avons est celle du Pere & de l'Esprit, selon leur Divinité, il découvre mieux ce qu'il pense, c'est que nous ne sommes

mes pas seulement justifiez par la grace du Médiateur, & que la justice ne nous est, ni simplement, ni du tout offerte en sa personne, mais que nous participons à la justice de Dieu, quand Dieu est uni essenciellement avec nous.

VI. S'il disoit seulement, que Jesus Christ en nous justifiant est fait nôtre, par une conjonction essencielle, & qu'il est nôtre Chef, non seulement entant qu'il est homme, mais parce qu'il fait découler sur nous l'essence de sa nature Divine, il se pourroit repaître agréablement de cette pensée avec moins

de

de danger: & peut-être qu'alors on se pouroit passer d'entrer en dispute. Mais comme le principe qu'il prend est comme ce poisson, qui en jettant sa bave qui est extrêmement noire, trouble l'eau qui est à l'entour & cache par ce moyen les queuës qu'il a, lesquelles sont en trés grand nombre. Ainsi si nous ne voulons souffrir volontairement qu'on nous ravisse la justice, qui seule nous donne la confiance de nous glorifier de nôtre salut, il faut que nous résistions fortement à une telle illusion. Osiander en toute cette dispute étend
ces

ces deux mots de *justice* & de *justifier* à deux choses. Car selon lui nous sommes justifiez, non seulement pour être réconciliez à Dieu quand il nous pardonne gratuitement nos fautes, mais pour être justes réellement : en sorte que la justice n'est pas une justice qui nous soit gratuitement imputée, mais une sainteté & une intégrité, que l'essence de Dieu qui réside en nous, nous inspire. D'ailleurs, il nie ouvertement que Jesus Christ soit nôtre justice, entant qu'il est nôtre Sacrificateur, & qu'en effaçant nos péchez il ait

ap-

appaisé la colére de Dieu : il veut seulement que ce tître lui convienne entant qu'il est Dieu éternel & la vie. Pour prouver le premier article, sçavoir, que Dieu nous justifie non seulement en nous pardonnant nos péchez, mais aussi en nous régénérant, il demande, si Dieu laisse ceux qu'il justifie tels qu'ils étoient, de leur nature, ou s'il y change quelque chose. La réponse n'est pas difficile. Ie dis que comme Iesus Christ ne peut point être divisé, qu'il en est de même, de la Iustification & de la sanctification; ce sont

deux choses inséparables, puis que nous les recevons ensemble & conjointement avec Iesus Christ. Tous ceux donc que Dieu reçoit en grace, il les revêt aussi de l'esprit d'Adoption, par la vertu duquel il les réforme à son image. Il en est de même que du Soleil. En effet, si la clarté du Soleil ne peut-être séparée de la chaleur, dirons nous pourtant que la terre est échauffée par la clarté, ou éclairée par la chaleur ? On ne sçauroit trouver rien de plus propre que cette comparaison pour terminer ce différent. Le Soleil donne
vi-

vigueur à la terre & la rend féconde par sa chaleur : il l'éclaire par ses rayons. Voilà une liaison mutuelle & inséparable. Cependant la raison ne permet point que ce qui est propre à l'un soit transféré à l'autre. Il y a une semblable absurdité en ce que dit Osiander, car il confond deux graces diverses. Parce que Dieu renouvelle tous ceux qu'il accepte gratuitement pour justes & qu'il les met en état de mener une vie sainte, il mêle le don du renouvellement avec l'acceptation gratuite, & veut que ces deux choses n'en soient qu'une. Or l'Ecriture, en les joignant ensemble les sépare toutefois distinctement, afin que la variété des graces de Dieu nous soit d'autant mieux manifestée. Car ces paroles de S. Paul ne sont pas superfluës, que Iesus Christ nous a été donné pour justice & sanctification. D'ailleurs toutes les fois qu'en nous voulant exhorter à la pureté & à la sainteté de vie, il nous propose pour motif le salut qui nous a été aquis, l'amour de Dieu & la bonté de Iesus Christ ; il fait voir assez clairement, qu'être justifiez,

1. Cor. 1. 30.

tifiez, & être faits nouvelles créatures ne sont pas une même chose. Ce n'est pas tout. Quand Osiander vient à l'Ecriture, il corrompt tout autant de Passages qu'il allégue. S. Paul dit, *que la foi est imputée a justice a ceux qui ne travaillent point, mais qui croyent en celui qui justifie le méchant:* & il explique cela par rendre juste. En un mot, il corrompt avec la même témérité tout le Chapitre quatriéme de l'Epitre aux Romains. Il déguise même ce Passage que j'ai allégué ci-dessus; *Qui intentera accusation contre les Elûs*

Rom. 4. 5.

Rom. 8. 33.

de Dieu, Dieu est celui qui justifie, comme s'il y étoit dit qu'ils fussent réellement justes. Cependant, il paroît d'une maniére évidente, que l'Apôtre parle simplement de l'absolution par laquelle le jugement de Dieu est détourné de nous; il ne faut pour cela, qu'examiner l'Antithese. Ainsi Osiander ne fait que découvrir combien son sentiment est frivole, tant dans la raison principale qu'il allégue, que dans les Passages de l'Ecriture qu'il cite. Il ne raisonne pas mieux, lorsqu'il dit, *que la foi a été imputée à Abraham à justice*,

par-

parce qu'ayant embrassé Jesus Christ, qui est la justice de Dieu & Dieu même, il avoit cheminé & vécu justement. Car la justice dont il est parlé, ne s'étend pas à tout le cours de la vocation de ce Patriarche, mais plûtôt le S. Esprit nous veut apprendre, que bien qu'Abraham eût été doüé de vertus excellentes, & qu'en persévérant dans l'exercice de ces vertus il y eût fait de trésgrands progrés, ce n'étoient pas toutefois ces vertus qui l'avoient rendu agréable à Dieu : & que ce qui avoit produit cet effet, avoit été, qu'il avoit embrassé par la foi la miséricorde qui lui étoit offerte par la promesse. D'où il s'ensuit, que Dieu en justifiant l'homme, n'a égard à aucun mérite, comme S. Paul le conclut trés-bien de ce Passage qu'il allégue.

VII. Ce qu'il ajoûte, ensuite, que la foi n'a point la force de justifier par elle-même & qu'elle ne justifie, qu'entant qu'elle reçoit Iesus Christ, est trés-véritable & nous en demeurons d'accord. En effet, si la foi justifioit par elle-même & par une propriété intrinseque,

que, comme l'on parle, elle ne justifieroit qu'à demi, parce qu'elle est toûjours foible & imparfaite, & ainsi cette justice ne nous aquerroit qu'une partie de nôtre salut. Or nous n'imaginons rien absolument de ce qu'il allégue contre nous. Nous disons, qu'à proprement parler, c'est Dieu seul qui nous justifie, ensuite de quoi nous transférons cela à Iesus Christ, qui nous a été donné pour être nôtre justice. En troisiéme lieu, nous comparons la foi à un vaisseau : car si nous n'allons à Iesus Christ vuides & affamez & ayant

ayant la bouche de l'ame ouverte, pour ainsi dire, nous ne sommes pas capables de le recevoir. D'où il paroît, que nous ne lui ôtons pas la vertu de justifier, puis que nous disons qu'on le reçoit par la foi, avant que de recevoir sa justice. Quant aux autres extravagances de ce Sophiste, il n'y a personne qui ne les rejette, comme lors qu'il dit, que la foi est Iesus Christ. C'est tout de même que s'il disoit qu'un vaisseau de terre est le tresor qui y est renfermé. Car enfin, ce sont deux choses qu'on peut également dire ;
que

que la foi nous justifie, en nous offrant Iesus Christ, quoi qu'elle n'ait de soi-même aucune dignité, ni valeur; & qu'un vaisseau de terre rempli d'or enrichit celui qui le trouve. Ie dis donc qu'il y a de l'impertinence de mêler la foi, qui n'est qu'un instrument, avec Iesus Christ qui est la cause matérielle de nôtre justice, & qui est en même temps & l'Auteur & le Ministre d'un si grand bénéfice. On doit se souvenir, au reste que déja nous avons fait voir, comment le mot de foi se doit entendre, lors qu'il s'agit de la Iustification. VIII.

VIII. Il pousse la chose bien plus loin, lors qu'il parle de la maniére de recevoir Iesus Christ : car il dit, que la parole intérieure est reçûë par le ministére de la parole extérieure, pour nous faire passer par ce moyen, du Sacerdoce de Iesus Christ & de la personne du Médiateur, à sa Divinité éternelle. Il est certes trés-véritable que nous ne divisons pas Iesus Christ, mais nous disons qu'il est lui-même la parole éternelle de Dieu, bien qu'en nous réconciliant à son Pere en sa chair, il nous ait communiqué la justice ; & qu'il ne ne pouvoit autrement accomplir l'Office de Médiateur & nous aquérir la justice, qu'en étant lui-même Dieu éternel. Mais il plaît à Osiander de dire, que Iesus Christ étant Dieu & homme, il nous a été fait justice, à l'égard de sa nature Divine, & non à l'égard de sa nature humaine. Or si cela convient proprement à la Divinité, il ne sera point particulier à Iesus Christ, ce sera une chose qui sera commune au Pere & au S. Esprit, puis que la justice de l'un est la justice des deux autres. De plus, il ne seroit pas convenable de di-

dire que ce qui a été naturellement de toute éternité *eût été fait pour nous*. Mais encore que nous lui accordions que Dieu nous a été fait justice, comment accordera-t-il ce qui est inséré par S. Paul, que c'est, de Dieu, qu'il nous a été fait justice. Certes chacun voit que S. Paul attribuë à la personne du Médiateur ce qui lui est propre, car bien que la personne du Médiateur contienne en soi la nature Divine, cependant on ne doit pas laisser de donner à Jesus Christ les títres particuliers de son Office, pour le distinguer du Pere & du S. Es-

Iustification. 47

Esprit. Il triomphe, en alléguant le Passage de Jeremie, où il est dit; *que l'Eternel sera nôtre justice*, mais il n'y a rien de plus ridicule. Car il n'en peut conclurre autre chose, sinon que Jesus Christ, qui est nôtre justice est Dieu manifesté en chair. Nous avons allégué ailleurs ce que S. Paul dit dans le Sermon qu'il fait dans le chapitre vingtiéme du Livre des Actes; *que Dieu s'est aquis l'Eglise par son propre Sang.* Si quelqu'un vouloit inférer de là, que le sang qui a été répandu pour l'expiation de nos péchez a été un sang

Jerem. 23. 6. 33. 16.

Act. 20 28.

sang Divin, le sang de la nature Divine, qui pourroit souffrir cette erreur, à cause de son énormité? Cependant Osiander par cette subtilité puérile s'imagine d'avoir tout gagné. Il s'enfle, il se glorifie, & remplit plusieurs pages, de paroles guindées, quoi qu'il n'y ait rien de plus simple & de si aisé que la solution de ce Passage, sçavoir, que quand *l'Eternel sera fait germe de David*, il sera aussi la justice des fidelles : dans le même sens que le Pere dit par la bouche d'Esaïe; *Mon Serviteur juste en justifiera plusieurs par la connoissance qu'ils*

Esaïe 53. 11.

qu'ils auront de lui. Car il faut remarquer, comme je l'ai dit, que c'est le Pere qui attribuë à son fils la charge de justifier; qu'il en ajoûte la raison, sçavoir, qu'il est juste; & qu'il en établit le moyen en la doctrine par laquelle Jesus Christ est connu. D'où je conclus premiérement, que Jesus Christ nous a été fait justice, en prenant la forme de serviteur, en second lieu, qu'il nous justifie, entant qu'il a obéï à Dieu son Pere, & qu'ainsi, il ne nous communique pas un tel bien, selon sa nature Divine, mais selon la dispensation qui lui a été commise. Car bien que Dieu seul soit la source de la justice, & que nous ne soyons justes qu'en participant à lui, toutefois parce que par le malheureux divorce qui a été fait par la chute d'Adam, nous avons été aliénez de la justice de Dieu, il est nécessaire que nous ayons recours à ce reméde inférieur, afin que Jesus Christ nous justifie par la vertu de sa mort & de sa résurrection.

IX. Si Osiander nous objecte que la Iustification est une œuvre si excellente qu'elle surpasse la nature de l'homme, c'est une chose que

que je lui accorde. Mais s'il infére de là qu'il n'y a que la nature Divine à qui cette œuvre doive être attribuée, je dis qu'il se trompe trés-grossiérement. Car bien qu'il soit veritable que si Iesus Christ n'eût été le vrai Dieu, il lui eût été impossible de purger nos ames par son sang, d'appaiser le Pere envers nous par son Sacrifice, de nous absoudre de la condamnation que nous méritions, & en un mot de faire l'office de Sacrificateur, parce que la chair ne pouvoit suffire à porter un si grand fardeau ; il est pourtant certain

tain qu'il a accompli toutes ces choses selon sa nature humaine. En effet, si on demande comment nous sommes justifiez, S. Paul répond que c'est *par l'obéissance de Jesus Christ.* Or Jesus Christ n'a pû obéir qu'en ce qu'il a pris la forme de serviteur. D'où je conclus que la justice nous a été communiquée en sa chair. De même quand l'Apôtre dit encore ; *que Dieu a fait celui qui n'a point connu le péché, être péché pour nous, afin que nous fussions justice de Dieu en lui,* il établit que la source de la justice n'est qu'en la chair de Jesus

Rom.
5. 14.
Philip.
2. 7. 8.

2. Cor.
5. 21.

Jesus Christ : tellement que c'est une chose surprenante qu'Osiander n'ait point de honte d'avoir si souvent en la bouche un Passage qui lui est si contraire. Il exalte la justice de Dieu en termes élevez & magnifiques, & chante en suite le triomphe, comme s'il avoit établi d'une maniére invincible son phantôme de la justice essencielle. Il est bien vrai que S. Paul dit, que c'est, de Dieu, que nous avons été faits justice, mais c'est en un sens bien différent. Il veut dire, que nous sommes justes par l'expiation qui a été faite par

par Iesus Christ, dont Dieu approuve la satisfaction : & la chose n'est pas difficile à comprendre. Car enfin les moins éclairez ne sçauroient ignorer que la justice de Dieu est prise pour celle qu'il accepte & qu'il approuve, comme S. Iean le fait voir, par l'opposition qu'il fait de la gloire de Dieu à celle des hommes. Je sçai bien que la justice est appellée quelquefois la justice de Dieu, parce que c'est Dieu qui en est l'Auteur & qu'il nous la donne : mais que le sens de ce Passage soit tel que j'ai dit, sçavoir, que nous subsistons de-

Jean 12. 43.

devant le Siége judicial de Dieu appuyez sur le sacrifice expiatoire de la mort de Jesus Christ, tout le monde en demeurera convaincu, quoi que je n'en dise pas davantage: car il importe peu quelle signification emporte le mot, pouvû qu'Osiander convienne que nous sommes justifiez en Jesus Christ, entant qu'il a été fait nôtre victime expiatrice: or cela ne peut convenir à sa nature Divine. Pour cette raison, lors qu'il veut sçeller en nos cœurs la justice & le salut qu'il nous a procurez, il en propose le gage assuré en sa chair.

chair. J'avouë qu'il s'appelle lui-même *le pain de vie*, *le pain vivifiant* : mais en expliquant, de quelle maniére il est ce pain de vie & ce pain vivifiant, il ajoûte, *que sa chair est vrayement viande, & son sang vrayement brûvage*, laquelle façon d'enseigner se voit trés-bien dans les Sacremens : car encore que les Sacremens dirigent nôtre foi à Jesus Christ Dieu & homme tout entier & non partagé, cependant ils nous enseignent que la matiére de la justice & du salut réside en sa chair, non qu'il nous justifie & qu'il nous vivifie par foi-

Jean 6.
48. 51.
55.

soi-même, entant que pur homme, mais entant qu'il a plû à Dieu de manifester en la personne du Médiateur ce qui étoit incompréhensible & caché en lui. C'est dans cette vûë que j'ai accoûtumé de dire, que Jesus Christ est comme une source qui est exposée devant nos yeux, à laquelle nous pouvons puiser, & que par le moyen de la personne du Médiateur il découle sur nous des graces qui ne nous profiteroient de rien, si elles demeuroient en la Majesté de Dieu, qui est comme une source cachée, & qui d'ailleurs

Jean 1. 16.

leurs eſt trop profonde. Je ne nie pas en ce ſens, que Jeſus Chriſt, entant qu'il eſt Dieu & homme ne nous juſtifie, & que l'Ouvrage de nôtre Juſtification ne ſoit commun au Pere & au S. Eſprit. Enfin, je ne nie pas que la juſtice dont Jeſus Chriſt nous fait participans ne ſoit la juſtice éternelle de Dieu éternel, mais il faut qu'on convienne que les raiſons que je viens d'alléguer ſont fermes & invincibles.

X. Cependant, de peur qu'il ne deçoive les ſimples par ſes artifices, je confeſſe que nous ſommes privez de ce ce bien incomparable, jusqu'à-ce que Iesus Christ ait été fait nôtre. C'est pourquoi j'éléve à un degré souverain la conjonction du Chef & des Membres, la demeure qu'il fait en nos cœurs par la foi, & l'union mystique par laquelle nous jouissons de lui, & je dis qu'étant ainsi fait nôtre, il nous fait participans des biens dont il est lui-même rempli. Ie ne dis pas donc que nous devions considérer Iesus Christ de loin & hors de nous, pour que sa justice nous soit imputée, mais par cette raison, que nous sommes

mes revêtus de lui, & que nous sommes entez sur son corps, en un mot, par cette raison, qu'il a bien daigné nous faire un avec lui ; voilà de quelle maniére nous nous pouvons glorifier que nous avons droit de société en sa justice. Et en ceci se réfute la calomnie d'Osiander, qui nous reproche que nous tenons la foi pour justice, comme si nous dépouïllions Iesus Christ de ce qui lui appartient, en disant que nous allons à lui vuides & affamez, afin d'être remplis & rassasiez de ce qu'il posséde lui seul. Mais Osiander rejettant cet-

cette conjonction spirituelle insiste sur ce mêlange grossier que nous avons réfuté déja, & appelle, d'une maniére injurieuse, Zuingliens ceux qui ne veulent pas s'accommoder de son erreur phanatique de la justice essencielle; & cela parce qu'ils ne veulent pas convenir qu'on mange Iesus Christ substanciellement en la Cene. Pour moi, je répute à gloire d'être injurié par un homme si présomptueux & si rempli de ses illusions, sur tout, parce qu'il s'en prend généralement à tous ceux qui ont expliqué purement l'El'Ecriture, & qu'il n'épargne pas même des Ecrivains que tout le monde regarde avec vénération, & qu'il devoit honorer avec modestie. Et certes, je puis d'autant mieux debattre avec sincérité cette cause, que ce n'est point une cause particuliére & que je ne suis poussé par aucune passion, ne s'étant point attaché à moi. La raison donc qui l'oblige à soûtenir avec tant d'oppiniâtreté, que la justice que nous avons en Iesus Christ est essencielle & qu'il habite essenciellement en nous, tend premiérement à établir, que Dieu se se transmet en nous par un mêlange grossier, comme celui de nos corps & des alimens que nous prenons, car voilà, comme il s'imagine, qu'on reçoit Iesus Christ en la Cene, & en second lieu à insinuer que Dieu nous inspire sa justice, par laquelle nous devenons justes réellement avec lui: de maniére que selon ce sentiment, cette justice n'est pas moins Dieu lui-même, que la bonté, la sainteté, & l'intégrité de Dieu. Ie ne m'attacherai pas beaucoup à réfuter les témoignages qu'il apporte, & ausquels il donne un trésmauvais sens, appliquant à la vie presente ce qui ne peut être appliqué qu'à la vie céleste. S. Pierre dit, que nous avons *de grandes & précieuses promesses, afin que par elles nous soyons faits participans de la nature Divine.* Et Osiander conclut de là, que Dieu a mêlé son Essence avec la nôtre, comme si déja nous étions tels que l'Evangile promet que nous serons au dernier avénement de Iesus Christ. Cependant S. Iean nous avertit, qu'alors *nous verrons Dieu tel qu'il est, parce que nous serons semblables à lui.* I'ai vou-

2. Pier.
1. 4.

1. Jean
3. 2.

voulu faire connoître seulement aux Lecteurs ces impertinences, afin qu'ils voyent que si je me dispense de les refuter, ce n'est pas par aucune difficulté que j'y trouve, mais c'est que je ne veux pas être ennuyeux en disant des choses superfluës.

XI. Il y a encore plus de venin dans le second Article, où il enseigne, que nous sommes justes avec Dieu. Je pense avoir prouvé déja suffisamment que quand ce Dogme ne seroit pas aussi pernicieux qu'il l'est, cela ne doit point empêcher que toute personne de bon sens & qui a la crainte de Dieu ne le doive rejetter : car enfin, il n'y a rien de plus froid, rien de plus insipide, rien de plus vain & de plus vuide. Mais c'est une impiété qui ne sçauroit être tolérée, que sous prétexte d'une double justice, il renverse toute la confiance de nôtre salut, & nous éléve jusqu'aux nuës pour nous priver d'invoquer Dieu avec cette quiétude, où sont les ames qui embrassent par la foi la grace de l'expiation de leurs péchez. Osiander se moque de ceux qui enseignent que le mot de

jus-

justifier se doit prendre dans le sens du Barreau : il prétend qu'il faut que nous soyons justes réellement, & il n'y a rien qu'il rejette avec tant de mépris que ce que nous établissons, que nous sommes justifiez par une imputation gratuite. Mais supposons que ce ne soit point en nous absolvant & en nous pardonnant, que Dieu nous justifie, que signifieront ces paroles de S. Paul; *que Dieu étoit en Christ réconciliant le monde à soi, en ne leur imputant point leurs péchez, parce qu'il a fait celui qui n'a point connu le péché être pé-*

ché pour nous, afin que nous fussions justice de Dieu en lui? J'ai premiérement ce poinct de gagné, que ceux qui sont réconciliez à Dieu sont réputez justes, car la maniére y est inférée, sçavoir, que Dieu justifie, en pardonnant, comme dans l'autre Passage, l'accusation est opposée à la Justification, par laquelle Antithése il paroît clairement que cette façon de parler est tirée de l'usage du Barreau, c'est à dire, qu'elle signifie absoudre. En effet, pour si peu qu'on soit versé dans la connoissance de la Langue He-

Hebraïque, & pour si peu qu'on ait de bon sens, on ne peut ignorer d'où cette maniére de s'énoncer est prise & ce qu'elle emporte. Mais il y a plus. Qu'Osiander me réponde. Quand S. Paul dit, que *David exprime en quoi consiste la beatitude de l'homme à qui Dieu impute la justice sans les œuvres*, en disant: *Bien-heureux sont ceux dont les iniquitez sont pardonnées*; cette définition est-elle entiére, ou ne l'est-elle qu'à demi? Certainement S. Paul ne fait pas intervenir le Prophete pour rendre témoignage qu'une partie de

Rom. 4. 6. 7. 8.

nôtre justice consiste en la rémission de nos péchez, ou qu'elle concoure à la Justification de l'homme, mais il renferme toute nôtre justice en la rémission gratuite : car il prononce ; que *bien-heureux sont ceux dont les iniquitez sont pardonnées, dont les péchez sont couverts, & ausquels le Seigneur n'aura point imputé leurs péchez,* faisant consister le bonheur de l'homme, non en ce qu'il est véritablement & réellement juste, mais en ce que Dieu l'accepte pour tel par imputation. Osiander objecte, qu'il seroit injurieux à Dieu

Dieu & même contraire à sa nature de dire qu'il justifiât ceux qui demeureroient réellement méchans : mais il faut que nous nous souvenions de ce que j'ai déja dit, que la grace de justifier n'est point séparée, de la régénération, quoi que ce soient deux choses distinctes. Et puis qu'il ne paroît que trop par l'expérience, qu'il demeure toûjours quelques reliques de péché dans les justes, il faut bien qu'ils soient justifiez, d'une autre maniére qu'ils ne sont régénérez en nouveauté de vie. En effet, quant à la seconde de ces cho-

choses, Dieu commence à régénérer ses Elûs, il continuë pendant tout le cours de leur vie : & comme cela se fait, peu à peu, jusqu'à leur mort, ils sont toûjours coupables devant son tribunal & sujets à son jugement. Mais il ne justifie pas en partie, il justifie les fidelles, afin qu'étant revêtus comme de la sainteté de Jesus Christ, ils comparoissent librement au Ciel. Car enfin une portion de justice ne seroit pas capable d'appaiser nos consciences, tandis qu'il ne seroit pas arrêté que nous sommes agréables à Dieu, & que nous som-

Justification. 73

sommes justes devant lui sans aucune exception. D'où il s'ensuit que la doctrine de la Justification est ruïnée & renversée de fonds en comble, lors qu'on jette des doutes dans les esprits, lors qu'on ébranle dans les fidelles la confiance de leur salut, lors qu'on retarde la priére, en la dépoüillant de la liberté & de l'assurance dont elle doit être acompagnée, lors qu'en un mot, on prive l'homme de la tranquilité, du repos, & de la joye spirituelle. C'est pourquoi S. Paul tire une preuve, des choses répugnantes, faisant voir, que

Galat. 3. 18.
Rom. 4. 14.

l'hé-

l'héritage n'est point de la loi, parce que la foi seroit aneantie. En effet, si la foi ne devoit être considérée, que par rapport aux œuvres, elle ne pourroit être que chancelante, & l'homme le plus saint qu'il y ait au monde ne pourroit point s'y assurer. Cette différente maniére de justifier & de régénérer qu'Osiander confond & qu'il appelle double justice, est trésbien exprimée par S. Paul, car en parlant de sa justice réelle, ou de cette intégrité que Dieu lui avoit départie, & qu'Osiander appelle justice essencielle; il s'écrie, en
gé-

gémissant: *Hélas! misérable que je suis, qui me delivrera du corps de cette mort?* Mais ayant recours à la justice qui est fondée en la seule miséricorde de Dieu, il insulte, d'une maniére magnifique, la mort & la vie, les opprobres, la famine, l'épée, & toutes sortes d'adversitez. *Qui est-ce,* dit-il, *qui intentera accusation contre les Elûs de Dieu? Dieu est celui qui justifie. Je suis assuré, que rien ne nous pourra séparer, de l'amour de Dieu, qu'il nous a montrée en Jesus Christ nôtre Seigneur.* Il publie hautement & d'une maniére

Rom. 7. 24.

Rom. 8. 33. 37. 38.

niére claire, qu'il est revêtu, d'une justice, qui seule lui suffit entiérement à salut devant Dieu : de sorte que la misérable servitude pour laquelle il avoit déploré sa condition ne déroge en rien à la confiance qu'il a de se glorifier, & ne le peut empêcher de parvenir à son but, Cette diversité est assez manifeste, & elle est même ordinaire à tous les Saints qui gémissent sous le fardeau de leurs iniquitez: & cependant ils ne laissent pas d'avoir une confiance victorieuse, par laquelle ils surmontent toute sorte de crainte. Ce qu'Osiander

siander replique, que cela n'est point convenable à la nature de Dieu, retombe sur lui. Car quoi qu'il revête les Saints, d'une double justice, il est pourtant contraint d'avoüer, que nul ne plaît à Dieu sans la rémission des péchez. Que si cela est ainsi, il faudra qu'il demeure d'accord, pour le moins, que ceux qui ne sont pas justes réellement sont réputez l'être, à l'égard de la partie de l'imputation approuvée & ratifiée, comme l'on parle. Or jusques où, le pécheur étendra-t-il cette acceptation gratuite qui fait qu'il est réputé

puté être juste, encore qu'il ne le soit point ? Certes, de quelque maniére qu'il s'y prenne, & quelque grande, ou petite que soit l'étenduë qu'il y donnera, il sera toûjours incertain & chancelant, d'un côté & d'autre, ne pouvant prendre autant de justice qu'il lui en faudroit pour être asluré de son salut. Mais l'avantage que nous avons ici, est que celui qui voudroit faire la loi à Dieu n'est pas arbitre dans cette cause. Cependant, ceci de-

Pseau. 51. 6.
meurera toûjours ferme ; *que Dieu sera justifié en ses paroles & qu'il vaincra*

ceux

ceux qui le voudront condamner. Or quelle arrogance, je vous prie, de condamner le Juge souverain, quand il absout gratuitement? comme s'il ne lui étoit pas permis de faire ce qu'il a prononcé lui même: *J'aurai pitié de celui dont j'aurai pitié.* Car le but de l'intercession de Moïse à laquelle Dieu répond ainsi n'étoit pas que Dieu ne pardonnât à aucun, mais afin qu'il pardonnât également à tous, en les absolvant, puis qu'ils étoient tous coupables. Au reste, nous enseignons, que Dieu ensévelit les péchez des hommes qu'il

Exode 33. 19.

qu'il justifie, parce qu'il a le péché en horreur & qu'il ne peut aimer que ceux qu'il déclare justes. Et certes, c'est une maniére de justifier admirable, que du moment que les fidelles sont couverts de la justice de Jesus Christ, ils n'ayent aucune frayeur du jugement dont ils sont dignes, & qu'en se condamnant eux-mêmes, ils soient justifiez hors d'eux-mêmes.

XII. Il faut pourtant avertir les Lecteurs, de prendre soigneusement garde au grand Mystére qu'Osiander se vante de ne leur vouloir point cacher: car aprés avoir fait

Iustification.

fait de longs efforts pour prouver que nous n'obtenons point grace envers Dieu par la seule imputation de la justice de Jesus Christ, parce qu'il seroit impossible à Dieu de tenir pour justes ceux qui ne le sont point ; ce sont ses propres paroles : il conclud enfin, que Jesus Christ ne nous a point été donné pour justice, à l'égard de sa nature humaine, que c'est à l'égard de sa nature Divine : & que bien que la justice ne se puisse trouver qu'en la personne du Médiateur, elle ne lui appartient toutefois, qu'entant qu'il est

F Dieu,

Dieu, mais non pas, entant qu'il est homme. En parlant de cette maniére il renverse ce qu'il avoit dit auparavant des deux justices: mais en même temps il ravit à la nature de Jesus Christ l'emploi de nous justifier. Or il est nécessaire de remarquer sur quelles raisons il s'appuye. S. Paul dans le Passage que nous avons déja allégué, dit; que *Iesus Christ a été fait en nous sagesse*, ce qui ne convient, selon Osiander, qu'à la Parole éternelle: d'où il conclut que Iesus Christ, entant qu'homme, n'est point nôtre Sagesse. Je répons que le

1. Cor. 1. 30.

Justification. 83

le Fils unique de Dieu a été toûjours sa Sagesse, mais que S. Paul lui attribuë ce tître en un sens différent, parce qu'en lui sont cachez tous les tresors de Sagesse & de Science. Ce qu'il avoit donc par devers son Pere, il nous l'a manifesté : & ainsi ce que dit S. Paul ne se rapporte point à l'essence du Fils de Dieu, mais à nôtre usage, & est fort bien approprié à sa nature humaine. Car bien qu'avant qu'il eût revêtu nôtre chair, il fût la clarté qui reluisoit dans les tenébres, c'étoit néanmoins une clarté cachée, jusqu'à-ce qu'il ait

Coloss. 2. 3.

ait paru revêtu de la nature humaine pour être le Soleil de justice: c'est pour cette raison qu'il s'appelle la lumiére du monde. Mais Osiander n'allégue pas une chose moins absurde, lors qu'il dit que la vertu de justifier est au dessus des Anges & des hommes, parce que c'est une chose qui ne dépend pas de la dignité de quelque créature, mais de l'ordonnance de Dieu. En effet, si les Anges vouloient satisfaire à Dieu pour nous, cela ne leur serviroit de rien, parce qu'ils n'ont pas été ordonnez pour cela; ç'a été un of-

office particulier à Jesus Christ homme, *qui a été fait sujet a la loi, pour nous racheter de la malediction de la loi.* Galat. 3. 13. C'est aussi une calomnie des plus atroces d'accuser ceux qui nient que Jesus Christ soit nôtre justice selon sa nature Divine, de ne retenir qu'une seule partie de ce Divin Sauveur, & ce qu'il y auroit de plus horrible, de faire deux Dieux, sous ombre que bien qu'ils confessent que Dieu habite en eux, ils ne veulent pas demeurer d'accord, selon lui, qu'ils soient justes par la justice de Dieu. Car je répons, que bien que

que nous appellions Jesus Christ l'Auteur de la vie, en ce *que par sa mort, il a détruit celui qui avoit l'empire de la mort*, cependant nous ne le privons pas de cet honneur, quant à sa Divinité, puisque nous le considérons, à cet égard-là, entant que Dieu manifesté en chair : mais nous distinguons seulement, comment la justice de Dieu parvient à nous, afin que nous en puissions jouïr ; en quoi Osiander se trompe trés-grossiérement. Certes nous ne nions pas que ce qui nous a été donné ouvertement en Jesus Christ ne procéde

Heb. 2. 14.

cède de la vertu secrette & de la grace de Dieu : nous ne contredisons pas même, que la justice que Jesus Christ nous a conférée ne soit la justice de Dieu, & qu'elle ne procéde de Dieu : mais nous demeurons toûjours fermes en cela, que nous ne pouvons trouver la justice & la vie, qu'en la mort & en la résurrection de Jesus Christ. Ie ne m'arrêterai pas à réfuter ce grand amas de Passages de l'Ecriture qu'il cite sans choix & sans jugement, & dont il fatigue le Lecteur avec impudence : comme si toutes les fois qu'il est fait mention de la justice, il faloit entendre la justice essencielle. Lorsque David implore la justice de Dieu à son secours, ce qu'il fait une infinité de fois, il ne fait nulle difficulté de corrompre tous ces Passages : car, je vous prie, quelle démonstration est celle-là, que nous soyons d'une même substance que Dieu, parce qu'il nous accorde son secours ? Il n'y a pas plus de fondement en ce qu'il objecte, que la justice est proprement celle-là, par laquelle nous sommes émûs à bien faire, & que puis que c'est Dieu *qui fait en nous le*

Philip. 2. 13.

vou-

vouloir & le parfaire, il s'enfuit que nôtre justice vient de lui. Car nous ne nions pas que Dieu ne nous réforme par son Esprit en sainteté de vie & en justice : mais il faut considérer d'abord, s'il fait cela immédiatement par soi-même, ou si c'est par le moyen de son Fils, auquel il a départi la plénitude de son Esprit, afin que, de son abondance, il subvint à la pauvreté de ses Membres. De plus, bien que la justice nous vienne, de la source cachée de la Divinité, il ne s'enfuit pas que Iesus Christ, *qui s'est sanctifié pour nous* Jean 7: 19.

nous en sa chair ne soit nôtre justice, que selon sa nature Divine. Ce qu'il allégue dans la suite n'est pas moins frivole, sçavoir, que Jesus Christ lui-même a été juste, d'une justice Divine, par cette raison, que si le Pere ne l'eût incité, il n'eût point satisfait à la charge qui lui avoit été commise. Car encore qu'il ait dit ailleurs, que tous les mérites de Jesus Christ découlent, du pur bon plaisir de Dieu, comme les ruisseaux découlent de leur source, cependant cela ne fait rien pour cette fantaisie chimérique dont il s'ébloüit

bloüit & dont il ébloüit les yeux des simples. En effet, qui sera celui qui lui accordera, que bien que Dieu soit la cause & le principe de nôtre justice, nous soyons essenciellement justes, & que l'essence de la justice de Dieu habite en nous? Esaïe dit, que Dieu, en rachetant son Eglise *s'est revêtu de justice, comme d'une cuirasse.* Or a-ce été pour dépoüiller Iesus Christ des armes qu'il lui avoit données, afin qu'il ne fût parfait Rédempteur? Mais le sens du Prophete est clair. Il veut dire que Dieu, pour nous racheter, n'a rien emprunté d'ail-

Esaïe 59. 17.

d'ailleurs, & qu'il n'a pas eu besoin d'un secours étranger: ce que S. Paul exprime en peu de mots, en d'autres termes, lors qu'il dit, qu'il nous a donné le salut, *afin de montrer sa justice* : Cependant il ne renverse pas ce qu'il dit ailleurs, que nous sommes rendus justes par l'obéissance d'un seul homme. En un mot, quiconque enveloppe deux justices, pour empêcher que les pauvres ames ne se reposent en la seule & pure miséricorde de Dieu, fait en dérision, une Couronne d'Epines & en couronne Jesus Christ.

Rom. 3. 24. 25.

Rom. 5. 19.

XIII.

XIII. Cependant, parce que la plûpart des hommes se repreſentent une juſtice compoſée de la foi, & des œuvres, faiſons voir encore, avant que de paſſer plus avant, que la juſtice de la foi différe ſi fort de celle des œuvres, que ſi l'une eſt établie, il faut néceſſairement que l'autre ſoit renverſée. L'Apôtre dit, *qu'il eſtime* *toutes choſes comme du fumier, afin qu'il gagne Chriſt, & qu'il ſoit trouvé en lui, ayant non pas ſa juſtice, qui eſt de la loi, mais celle qui eſt par la foi de Chriſt, ſçavoir, la juſtice qui eſt de Dieu par la*

Philip. 3. 8. 9.

la foi. Nous voyons ici que les deux justices sont comparées comme deux choses contraires, & que S. Paul fait voir, qu'il faut que celui qui veut obtenir la justice de Iesus Christ abandonne la sienne propre. C'est pourquoi il dit en un autre endroit, que ce qui a été la cause de la ruïne des Iuifs a été; *que cherchant à établir leur propre justice, ils ne se sont point soûmis à la justice de Dieu.* Si donc en cherchant d'établir nôtre propre justice nous rejettons celle de Dieu, qui ne voit que pour obtenir celle de Dieu, il faut que

Rom. 10. 3.

que la nôtre soit entiérement aboli? C'est aussi ce qu'il entend lors qu'il dit, que *le sujet que nous avons de nous vanter n'est pas exclus par la loi, mais par la foi :* d'où il s'ensuit, que tandis qu'il demeure en nos œuvres tant soit peu de justice, nous avons sujet de nous glorifier. Par conséquent, si la foi exclut toute vanterie, la justice de la foi ne peut en aucune maniére subsister avec celle des œuvres. Il demontre cela si clairement dans le Chapitre quatriéme de l'Epître aux Romains, qu'il ne laisse aucune prise à la chicanerie.

Rom 3. 26

nerie. Certes, dit-il, *si Abraham a été justifié par les œuvres, il a de quoi se vanter.* Aprés quoi il ajoûte ; *mais non pas envers Dieu.* Il faut donc conclurre que ce n'a pas été par ses œuvres qu'il a été justifié. Il tire ensuite un autre argument, des contraires. Or, dit-il, *à celui qui travaille la récompense ne lui est point comptée, comme une grace, mais comme lui étant dûë.* Cependant la justice est donnée à la foi, selon la grace : tellement qu'on ne peut point inférer, que cela procéde du mérite des œuvres. C'est donc une pure illusion

lusion de s'imaginer que la justice consiste en la foi & aux œuvres ensemble.

XIV. Les Sophistes pourtant, qui ne se soucient guéres de corrompre l'Ecriture, & qui se plaisent à chicaner, ont recours à un subterfuge. Ils disent que les œuvres dont parle S. Paul sont celles qui se font par les hommes qui sont hors de la grace de Jesus Chist, qui ne sont point encore régénérez, qui s'appuyent sur les efforts de leur franc-arbitre ; & ils nient que cela regarde les œuvres spirituelles. Ainsi selon eux, l'homme est justifié aussi-bien par les œuvres, que par la foi, pourvû que ces œuvres ne soient pas leurs propres œuvres, mais des dons de Jesus Christ, & des fruits de la régénération. Car ils disent que S. Paul a dit cela, dans la seule pensée de confondre l'arrogance & la folle présomption des Juifs, qui s'imaginoient de pouvoir aquerir par leurs propres forces une justice que le seul Esprit de Christ nous donne, & nullement les efforts qui peuvent procéder des mouvemens de nôtre nature. Mais ils ne remarquent pas, que dans l'opposition que

que S. Paul fait en un autre endroit de la justice légale, & de la justice Evangelique, il exclut toutes les œuvres, de quelque titre honorable qu'elles soient accompagnées: car il dit que la justice de la loi est que celui qui fera ce qu'elle contient sera sauvé, & que la justice de la foi est de croire, *que Jesus Christ est mort & ressuscité.* Rom. 10.5.9. D'ailleurs, nous verrons ci-aprés, en son lieu, que la sanctification & la justice sont des bénéfices de Jesus Christ qui sont fort différens. D'où on doit nécessairement inferer, que lors qu'on attribuë à
la

la foi la force de justifier, les œuvres n'y interviennent nullement, non pas même les spirituelles. Il y a plus. Lors que S. Paul dit dans les paroles que j'ai déja citées, qu'Abraham n'a pas de quoi se vanter envers Dieu, puis qu'il n'est pas justifié par ses œuvres, il ne restraint point cela à une apparence extérieure de vertus, ou aux efforts de son franc-arbitre : mais il veut dire, que bien que la vie de ce Patriarche ait été presque semblable à celle des Anges, il n'a pû toutefois mériter d'être juste devant Dieu, par la sainteté de ses œuvres. XV.

Justification.

XV. Les Scholastiques errent un peu plus grossiérement, en mêlant leurs préparations : mais ils ne laissent pas néanmoins d'abuser les simples & les ignorans par un Dogme qui n'est pas moins pernicieux, ensévelissant sous prétexte de l'Esprit & de la Grace la miséricorde de Dieu, laquelle peut appaiser seule les pauvres consciences tremblantes. Nous confessons bien avec S. Paul que *ceux qui pratiquent la loi seront justifiez devant Dieu:* mais comme nous sommes bien éloignez de la pratiquer, nous

Rom. 2.13.

con-

concluons de là, que les œuvres qui nous devroient le plus servir pour aquerir la justice, ne nous servent de rien, parce que ce sont des œuvres dont nous sommes destituez. Pour ce qui regarde les Docteurs de Rome, ou les Scholastiques, ils se trompent doublement : c'est qu'ils appellent foi la certitude de leur conscience, en attendant la rémunération de Dieu par leurs propres mérites, & que par la grace ils n'entendent pas l'imputation de la justice gratuite, mais le S. Esprit qui les aide dans l'étude de la sanctification.

tion. Ils lisent dans l'Epître aux Hebreux ; *qu'il faut que celui qui vient à Dieu croye que Dieu est, & qu'il récompense ceux qui le cherchent.* Mais ils ne veulent pas prendre garde quelle est la maniére de le chercher. Qu'ils s'abusent dans l'explication qu'ils donnent au nom de grace, cela paroît par leurs propres Ecrits. Car Lombard explique de deux maniéres, la Justification qui nous est donnée par Jesus Christ. *Premiérement, dit-il, la mort de Jesus Christ nous justifie, lors qu'elle excite en nos cœurs la charité, par la-*

Heb. 11. 6.

Sent. liv. 1. Dist. 6. chap. 1.

quelle

quelle nous sommes faits justes. En second lieu, entant qu'elle éteint le péché sous lequel le Diable nous retenoit en esclavage, en sorte qu'il n'est plus en sa puissance de nous condamner. Nous voyons par là qu'il ne considére principalement la grace de Dieu, dans la Justification, qu'entant que nous sommes dirigez par la vertu du S. Esprit à faire de bonnes œuvres. Il est vrai qu'il a voulu suivre le sentiment de S. Augustin, mais il ne le suit que de bien loin : & on peut dire qu'il s'en faut bien qu'il l'imite, car il obscurcit ce que

que ce grand homme dit, d'une maniére claire, & corrompt entiérement ce qui n'est pas en lui tout à fait impur. Certainement les Scholastiques sont allez toûjours de mal en pis, jusqu'à-ce qu'enfin ils sont tombez dans les erreurs des Pelagiens. Nous n'embrassons pas néanmoins en toutes choses le sentiment de S. Augustin sur cette matiére, ou du moins la maniére de s'exprimer qu'il employe. Car bien qu'à l'égard de la justice, il dépoüille l'homme, de toute la loüange qu'il pourroit s'atttibuer, & qu'il l'atl'attribuë toute à Dieu ; il rapporte pourtant la grace à la sanctification, par laquelle nous sommes régénérez en nouveauté de vie par le S. Esprit.

XVI. Or l'Ecriture, en parlant de la justice de la foi, nous conduit bien en un autre endroit ; elle veut que nous détournant, de la vûë de nos œuvres, nous ne regardions qu'à la miséricorde de Dieu, & à la perfection de Jesus Christ. Car elle nous montre cet ordre dans la Justification, sçavoir, que d'abord Dieu reçoit le pécheur par sa pure & gratuite bonté,
ne

… ne trouvant en lui que sa misére qui l'émeuve à miséricorde. En effet, il le voit entiérement vuide & dénué de bonnes œuvres, & c'est pour cela qu'il prend en lui-même la raison qu'il a de lui bien faire, afin qu'ensuite il touche le pécheur du sentiment de sa bonté, & que ce même pécheur se défiant de ce qu'il a, remette tout ce qui dépend de son salut en sa miséricorde. Voilà quel est le sentiment de la foi, par lequel l'homme entre en possession de son salut, quand il reconnoît, qu'il est réconcilié à Dieu par la doctrine de l'Evangile; qu'il est

est justifié par la rémission de ses péchez, laquelle il a obtenuë par l'intercession de la justice de Jesus Christ ; & que quelque régénéré qu'il soit par l'Esprit de Dieu, bien loin de se reposer sur les bonnes œuvres qu'il a faites, il fait consister en tout temps, toute sa justice en la seule justice de son Sauveur. Lors que toutes ces choses seront examinées avec attention, ce que nous en avons dit paroîtra trés-clair. J'avouë pourtant qu'on les pouvoit disposer en un meilleur ordre que nous n'avons fait. Mais au fond il importe peu que nous

nous les ayons proposées, de cette maniére, ou d'une autre, pourvû qu'elles conviennent si bien ensemble, que nous ayons prouvé ce que nous avons dit, & que tout le monde le puisse entendre.

XVII. Il est nécessaire que nous nous ressouvenions ici de la relation que nous avons fait voir qu'il y a entre la foi & l'Evangile : car de là on peut voir que la foi justifie, parce qu'elle reçoit & embrasse la justice qui lui est offerte dans l'Evangile. Or si c'est par l'Evangile que la justice nous est offerte, il s'ensuit nécessairement que les

œu-

Traité de la œuvres doivent être entiérement exclûës, & qu'on n'y doit avoir nullement égard. C'est ce que S. Paul fait voir ailleurs, d'une maniére trés-claire, & particuliérement en deux endroits. Car comparant ensemble la loi & l'Evangile dans son Epître aux Romains, voici les termes qu'il employe. *Moïse décrit ainsi la justice qui est par la loi, sçavoir, que l'homme qui fera ces choses, c'est à dire, les choses que la loi commande, vivra par elles. Mais la justice de la foi dénonce le salut à celui qui confesse le Seigneur Jesus de sa bou-*

Rom. 10. 5. 9.

Justification.
bouche & qui croit en son cœur, que le Pere l'a reſſuſcité des morts. Or qui ne voit que le S. Apôtre fait conſiſter la différence qu'il y a entre la loi & l'Evangile, en ce que la loi aſſigne la juſtice aux œuvres, & que l'Evangile la donne gratuitement, ſans avoir égard aux œuvres, en aucune maniére. Ces paroles ſont conſidérables, & certainement elles levent bien des difficultez, car nous avons beaucoup gagné, ſi nous pouvons nous perſuader une fois, que la juſtice qui nous eſt donnée par l'Evangile ſoit détachée des con-

conditions de la loi. C'est pour cela que le même Apôtre oppose si souvent la loi & la promesse, comme deux choses qui se combattent. *Si l'héritage*, dit-il, *est de la loi, il n'est plus par la promesse.* Il dit plusieurs autres choses semblables dans le même Chapitre. Il est certain cependant que la loi a aussi ses promesses. Il faut donc que les promesses de l'Evangile ayent quelque chose de particulier & de différent, à moins que nous ne voulions dire que c'est une comparaison qui a été faite mal à propos. Or que peut-on dire, je vous

Galat. 3. 18.

vous prie, sinon que les promesses de l'Evangile sont gratuites & appuyées sur la seule miséricorde de Dieu, puis qu'il est vrai que celles de la Loi dépendent, de la condition des œuvres ? Et qu'on ne nous allégue pas que la justice que S. Paul rejette est celle que les hommes presentent à Dieu, de leur pur mouvement, s'appuyant sur les forces de leur franc arbitre : car S. Paul dit sans exception, que la Loi n'a rien profité, en commandant, parce qu'il n'y a aucun homme qui l'ait accomplie, non pas même les plus parfaits.

faits. Certes la charité est le principal point de la Loi, parce que c'est l'Esprit de Dieu lui-même qui nous l'inspire. Cependant, d'où vient que la charité n'est pas la cause de nôtre justice ? C'est qu'elle est si imparfaite, à l'égard même des plus saints, qu'elle ne mérite pas que Dieu y ait le moindre égard.

XVIII. Le second Passage est celui-ci. *Et que par la Loi nul ne soit justifié envers Dieu, il appert, parce que le juste vivra de la foi. Or la loi n'est point de la foi, mais l'homme qui aura fait ces choses vivra par elles.* Comment

Galat. 3. 11. 12.

ment pourroit donc subsister le raisonnement de l'Apôtre, à moins qu'il ne soit veritable que les œuvres ne doivent point être confonduës avec la foi, mais qu'elles en doivent être séparées. La Loi, dit-il, est différente de la foi. Et pourquoi? Parce, ajoûte-t-il, que la Loi exige les œuvres pour justifier l'homme. Il s'ensuit donc que les œuvres ne sont nullement requises, lors que l'homme doit être justifié par la foi : & d'ailleurs il est évident par cette opposition, que celui qui est justifié par la foi, est justifié sans aucun mé-

mérite de ses œuvres, & même hors de tout mérite, parce que la foi reçoit la justice qui nous est communiquée par l'Evangile. Et en effet, l'Evangile n'est différent, de la Loi, qu'en ce qu'il n'attache point la justice aux œuvres, mais la fait consister uniquement en la miséricorde de Dieu. C'est à peu prés la même chose qu'il soûtient dans l'Epître aux Romains, lors qu'il dit ; *qu'Abraham n'a pas de quoi se vantèr, puis que la foi lui a été imputée à justice.* Il en allégue la raison, car il ajoûte, que la justice de la foi a lieu, quand il n'y

Rom. 4. 2.

n'y a aucunes œuvres qui méritent d'être récompensées. Là où sont les œuvres, dit-il, c'est là que la récompense est dûë: ce qui est donné à la foi est gratuit ; car c'est ce que signifient proprement les paroles dont il se sert. Ce qu'il continuë de dire dans la suite tend encore au même but, sçavoir que nous obtenons l'héritage par la foi, afin que nous soyons convaincus que nous l'obtenons par la grace. Il infére que l'héritage est gratuit, parce que nous le recevons par la foi. Et pourquoi cela, si ce n'est par cette raison,

son, que la foi sans s'appuyer en aucune maniére sur les œuvres, se repose entiérement sur la miséricorde de Dieu? Il n'y a point de doute, que ce ne soit dans le même sens qu'il nous enseigne ailleurs; *que la justice de Dieu a été manifestée sans la Loi, bien que la Loi & les Prophetes lui rendent témoignage.* Car en excluant la Loi, il nous veut faire entendre, que nous ne sommes point aidez par nos œuvres, & que ce n'est point en travaillant que nous aquerons la justice, mais qu'il faut au contraire que nous nous pre-ten-

Rom. 3. 21.

sentions vuides, si nous la voulons recevoir.

XIX. Le Lecteur peut voir maintenant avec quelle équité les Sophistes chicanent aujourd'hui la Doctrine, par laquelle nous établissons, *que l'homme est justifié par la seule foi.* Ils n'osent pas nier, je l'avouë, que l'homme ne soit justifié par la foi, voyant que l'Ecriture le dit tant de fois: mais parce que ce mot *seule* n'y est point exprimé, ils nous reprochent que c'est une addition que nous avons faite. Je veux que ce qu'ils disent soit veritable. Mais que répondront-ils à ces

ces paroles de S. Paul, où il soûtient, que la justice n'est point de la foi, sinon qu'entant qu'elle est gratuite? Comment ce qui est gratuit peut-il s'accorder avec les œuvres? Par quelles calomnies pourront-ils éluder ce qu'il dit ailleurs, *que la justice de Dieu est manifestée en l'Evangile.* Si elle est manifestée en l'Evangile, ce n'est pas à demi, ou à l'égard de quelque partie, mais elle y est contenuë pleinement & absolument. Il s'ensuit donc que la Loi n'y a point de part. Et leur subterfuge est non seulement faux, il est mê-

Rom. y. 17.

même entiérement ridicule, quand ils disent que nous avons ajoûté la particule exclusive *seule*. Car celui qui ôte tout aux œuvres ne l'attribuë-t-il pas à la foi ? Que signifient, je vous prie, ces expressions ; *que la justice est manifestée sans la Loi ; que l'homme est justifié gratuitement ; & qu'il l'est sans les œuvres de la Loi ?* Ils ont ici une défaite ingénieuse laquelle toutefois ils n'ont pas inventée eux-mêmes. Ils l'ont empruntée d'Origene, & de quelques autres Anciens ; mais elle ne laisse pas d'être trés-absurde. Ils disent que

Rom. 3. 21. 23. 27.

que ce sont les œuvres de la Loi Cérémonielle qui doivent être exclûës, mais que l'Apôtre n'entend point parler des œuvres de la Loi Morale. Ils font si peu de progrés en disputant continuellement dans leurs Ecoles qu'ils ignorent même les premiers Elemens de la Dialectique. Croyent-ils que l'Apôtre soit hors de sens, lors que pour prouver ce qu'il avance, il allégue ces témoignages : *L'homme qui aura fait ces choses vivra par elles. Maudit est quiconque n'est permanent en toutes les choses qui sont écrites au Livre de*

Galat. 3. 12.
Deut. 27. 26.
Gal. 3. 10.

Iustification.
de la Loi pour les faire. A moins qu'ils ne soient privez entiérement de la raison, ils ne peuvent pas dire que la vie éternelle soit promise à ceux qui observent les Cérémonies, & qu'il n'y a que ceux qui les transgressent qui soient maudits. S'il faut donc entendre ces Passages, de la Loi Morale, il n'y a point de doute que les œuvres morales doivent être exclûës, du pouvoir de justifier. S. Paul fait plusieurs raisonnemens qui tendent tous à cette même fin. Il dit, *que la connoissance du péché vient de la Loi*: la justice n'en vient donc pas.

Rom. 3. 20.

pas. Il dit, *que la Loi engendre la colére:* elle ne nous engendre donc pas la justice. En effet la Loi ne peut pas assurer nos consciences, & par conséquent nous justifier. Il dit, *que la foi nous est imputée à justice :* ce n'est donc pas pour être la récompense de nos œuvres que la justice nous est donnée, mais c'est un don gratuit de Dieu. Il dit, *que nous sommes justifiez par la foi:* tout sujet donc de nous glorifier nous est ôté. Il dit enfin; *que si la Loi eût été donnée pour pouvoir vivifier, veritablement la justice seroit de la Loi.* Mais l'E-

Rom. 4. 15.

Rom. 4. 20.

Rom. 3. 27.

Galat. 3. 21. 22.

l'Ecriture, ajoûte-t-il, a tout enclos sous le péché, afin que la promesse par la foi de Jesus Christ fût donnée a ceux qui croiroient. Qu'ils soûtiennent, s'ils osent, que cela a été dit, des Cérémonies & non pas des œuvres morales, mais les petits enfans se moqueroient de leur impudence. Que ceci donc demeure certain, que quand il est dit que la Loi n'a pas la vertu de justifier, il est parlé de toute la Loi.

XX. Or si quelqu'un est surpris de ce que l'Apôtre ne s'est pas contenté de dire simplement *les œuvres*, mais a ajoûté, *les œuvres de la Loi*, il ne sera pas difficile de répondre. Il est certain que si les œuvres ont quelque prix, elles le tirent bien plûtôt de l'approbation que Dieu leur donne, que de leur propre dignité: car qui oseroit se glorifier devant Dieu, de la justice de ses œuvres, à moins que Dieu ne l'acceptât? Qui oseroit lui demander aucune récompense, à moins qu'il ne l'eût promise lui-même? Ce n'est donc que par un effet de la bénéficence de Dieu que les œuvres sont dignes de porter le titre de justice & de recevoir récompense.

En

Justification.

En effet, si les œuvres sont de quelque prix ce n'est que par rapport à ceci, qu'elles portent l'homme à rendre obéïssance à Dieu. C'est pourquoi l'Apôtre voulant prouver en un autre endroit, qu'Abraham ne pouvoit être justifié par ses œuvres, dit que *la Loi avoit été publiée, environ quatre cens ans aprés que l'Alliance de la grace lui fut donnée.* Les ignorans pourroient se moquer d'un raisonnement de cette nature, & dire qu'il y pouvoit bien avoir de bonnes œuvres, avant que la Loi fût publiée. Mais parce que

Galat. 3. 17.

S.

S. Paul sçavoit, que si les œuvres ont quelque dignité, ce n'est qu'entant qu'elles sont acceptées de Dieu, il avance comme une chose incontestable, qu'avant que les promesses de la Loi fussent données, elles ne pouvoient contribuer de rien à la Justification de l'homme. Nous voyons donc pour quelle raison il exprime les œuvres de la Loi nommément, lorsqu'il veut dépoüiller les œuvres de la faculté de justifier, c'est parce que ce n'est qu'au sujet de ces œuvres qu'il se peut élever des disputes. Ce n'est pas pourtant que quelquefois

fois il n'exclûë les œuvres quelles qu'elles soient, sans aucune addition. C'est ce qu'il fait dans l'Epître aux Romains, quand il dit, que David exprime en quoi consiste la beatitude de l'homme à qui Dieu impute la justice sans les *œuvres*. Ils ne peuvent donc faire par toutes leurs chicaneries que nous ne retenions la diction exclusive en sa généralité. Ils ont recours à une autre subtilité qui n'est pas moins vaine, ni moins frivole. Ils disent que nous sommes justifiez par la seule foi *opérante par la charité*, voulant signi-

Rom. 4. 6.

Galat. 5. 6.

fier

fier par là que c'est sur la charité que la justice est appuyée. Nous confessons bien avec S. Paul, qu'il n'y a point d'autre foi qui justifie que celle qui est jointe avec la charité. Mais elle ne prend point, de la charité, la vertu qu'elle a de justifier, & si elle justifie ce n'est que par cette raison qu'elle est le moyen par lequel la justice de Jesus Christ nous est communiquée. Ce seroit autrement renverser le raisonnement que l'Apôtre pousse avec tant de vigueur, quand il dit: *Or à celui qui travaille, la récompense ne lui est point comp-*

Rom. 4. 4. 5.

tée comme une grace, mais comme lui étant dûë. Mais à celui qui ne travaille point, & qui croit en celui qui justifie le méchant, sa foi lui est imputée à justice. Pouvoit-il parler, d'une maniére plus claire, qu'en s'exprimant de cette maniére, pour démontrer, qu'on ne doit attribuer à la foi aucune justice, que lors qu'il n'y a aucunes œuvres, ausquelles la récompense soit dûë; & que la foi n'est imputée à justice, que lors que la justice est donnée par une grace que celui qui l'accorde n'étoit pas obligé d'accorder.

XXI. Il faut que nous voyons maintenant si ce que nous avons dit dans la définition que nous avons donnée est véritable, sçavoir, que la justice de la foi n'est autre chose que la réconciliation avec Dieu, laquelle consiste uniquement en la rémission des péchez. Nous devons pour cet effet revenir toûjours à cette maxime, que la colére de Dieu est préparée à tous ceux qui persévérent à être pécheurs. C'est ce qu'Esaïe exprime magnifiquement dans ces paroles : *Voici, la main de l'Eternel n'est point racourcie qu'elle ne*

Esaïe 59.1.2.

Iustification.

ne puisse delivrer: & son oreille n'est point devenuë pesante qu'elle ne puisse ouir. Mais ce sont vos iniquitez qui ont fait séparation entre vous & vôtre Dieu: & vos péchez qui ont fait qu'il a caché sa face arriére de vous, afin qu'il n'oye pas. Nous venons d'entendre que le péché est une séparation entre Dieu & l'homme, & que Dieu détourne sa face, du pécheur: & certainement la chose ne peut être que de cette maniére, car cela répugne entiérement à sa justice qu'il ait le moindre commerce avec le péché. C'est pour cet-

Rom. 5.8.10. cette raison que S. Paul dit, que l'homme est ennemi de Dieu, jusqu'à-ce qu'il ait été rétabli en sa grace par Jesus Christ. Celui donc que Dieu reçoit, pour être joint à lui est dit être justifié, parce que Dieu ne peut recevoir personne en sa grace & en sa communication, que de pécheur il ne le fasse juste. Nous ajoûtons que cela se fait par la rémission des péchez, car si on considére ceux que Dieu a réconciliez à soi, par rapport à leurs œuvres, on trouvera que véritablement ils sont pécheurs, quoi qu'il faille nécessairement

ment néanmoins qu'ils soient exempts de péché & purs. Il est donc constant que ceux que Dieu reçoit à soi ne sont faits justes, qu'entant que par la rémission de leurs péchez ils sont purifiez de leurs soüillures. Tellement qu'on peut fort bien dire en un mot, de cette justice; que c'est la rémission des péchez.

XXII. L'une & l'autre de ces deux choses se trouvent admirablement éclaircies dans les paroles de S. Paul qui ont été déja citées, lors qu'il dit; *que Dieu étoit en Christ réconciliant le mon-* 2. Cor. 5. 19. 21.

de à soi, ne leur imputant point leurs péchez, & qu'il a mis en nous la parole de réconciliation. Aprés quoi il ajoûte le sommaire de son ambassade, c'est *qu'il a fait celui qui n'avoit point connu le péché être péché pour nous, afin que nous fussions justice de Dieu en lui.* Il ne met en ce Passage aucune différence entre justice & réconciliation, afin que nous ne puissions point douter que ces deux noms sont réciproques & que l'un est contenu sous l'autre. La maniére d'obtenir cette justice nous est aussi enseignée, quand il dit qu'el-

Justification. 137

qu'elle consiste en ce que Dieu ne nous impute point nos péchez. Ainsi que personne ne doute plus maintenant de quelle maniére Dieu nous justifie, puis que S. Paul dit en propres termes, que c'est entant qu'il nous réconcilie avec soi, en ne nous imputant point nos péchez. C'est ce qu'il prouve encore par le témoignage du Prophete David, quand il dit que la justice est imputée aux hommes sans les œuvres, parce qu'il prononce *bienheureux l'homme auquel les iniquitez sont pardonnées, duquel les péchez sont couverts*

Rom. 4 6.7.8

Traité de la verts & a qui le Seigneur n'a point imputé son péché. Il n'y a point de doute que S. Paul ne mette ici la beatitude pour la justice: & puis qu'il assure qu'elle consiste en la rémission des péchez, il n'est pas nécessaire que nous la définissions autrement. C'est pour cette raison que Zacharie le Pere de S. Jean-Baptiste fait consister en cela la connoissance du salut. *Tu iras devant la face du Seigneur*, dit-il à Jean-Baptiste, *pour préparer son chemin, & pour donner la connoissance du salut à son peuple, par la rémission des*

Luc 1. 76. 77.

des péchez. Ce qui est la méme régle par laquelle S. Paul conclut la prédication qu'il fit aux Antiochiens, touchant le sommaire de leur salut. *Sachez donc, hommes freres*, leur dit-il, *que la rémission des péchez vous est annoncée par Jesus Christ & que de toutes les choses dont vous n'avez pû être justifiez par la Loi de Moyse, quiconque croit en lui est justifié par lui.* Il joint la justice & la rémission des péchez en telle maniére, qu'il fait voir évidemment que c'est une même chose. Ainsi c'est à bon droit qu'il soûtient que la justice que

Act. 13. 38. 39.

que nous obtenons par la bonté de Dieu est une justice gratuite. Et certes quand nous disons que les fidelles sont justes devant Dieu, non par leurs œuvres, mais par une acceptation gratuite, cette maniére de s'exprimer ne doit pas paroître inusitée; car enfin, l'Ecriture s'en sert trés-souvent, & les Anciens même s'expriment quelquefois ainsi. S. Augustin dit dans un endroit; *que la justice des saints dans ce monde consiste plus en la rémission des péchez, qu'en la perfection des vertus.* A quoi répondent ces belles paroles de

<small>Livre de la Cité de Dieu 19. Ch. 27.</small>

de S. Bernard ; *que la justice de Dieu est de ne point pécher ; que la justice de l'homme est l'indulgence que Dieu a pour lui.* Et auparavant il avoit assuré, que c'est en nous faisant absoudre que Jesus Christ est nôtre justice, & qu'il n'y a point d'autres justes que ceux que la miséricorde pardonne.

Serm. 21. & 23. sur le Cantiq.

XXIII. De cela il s'ensuit nécessairement que c'est par le seul moyen de la justice de Jesus Christ que nous obtenons d'être justifiez devant Dieu. Ce qui est la même chose que si l'on disoit, que l'homme n'est pas juste en soi-

soi-même, mais seulement parce que la justice de Jesus Christ lui est communiquée par imputation, ce qui est une chose digne d'être exactement considérée. Car ainsi s'évanouit ce phantôme, que l'homme soit justifié par la foi, entant que par la foi il reçoit l'Esprit de Dieu, par lequel il est rendu juste : ce qui est si contraire à ce que nous avons déja établi que ces deux Doctrines ne sçauroient être conciliées. Car en effet il n'y a point de doute que celui à qui l'on enseigne qu'il doit chercher la justice hors de soi ne soit dénué

nué de la sienne propre. Or cela est démontré clairement par l'Apôtre, lors qu'il écrit, *que celui qui n'a point connu le péché a été fait péché pour nous, afin que nous fussions justice de Dieu en lui.* 2.Corint. 5. 21. Nous voyons qu'il met nôtre justice en Jesus Christ, non pas en nous, & que la justice ne nous appartient, par autre droit que par celui-là que nous sommes faits participans de Jesus Christ: en effet, en le possédant, nous possédons avec lui toutes ses richesses. Et à ceci ne répugne point ce qu'il dit ailleurs; *que Dieu ayant envoyé son* Rom. 8.3.
pro-

Traité de la propre Fils en forme de chair de péché & pour le péché a condamné le péché en la chair, afin que la justice de la Loi fût accomplie en nous; il ne veut désigner en ce lieu autre accomplissement que celui que nous obtenons par imputation. Car le Seigneur Jésus nous communique en telle sorte sa justice, que par une vertu inénarrable elle est transférée en nous, autant qu'il appartient au jugement de Dieu. Or qu'il n'ait voulu dire autre chose, cela paroît par ces paroles qu'il avoit alléguées auparavant; *que comme par la desobéïssance d'un*

Rom. 5. 19.

d'un seul homme plusieurs ont été rendus pécheurs, ainsi par l'obeyssance d'un seul plusieurs seront rendus justes. Car qu'est-ce autre chose de dire que nôtre justice est établie sur l'obéissance de Jesus Christ, sinon assurer, que nous sommes réputez justes par cette seule raison que l'obéissance de Jesus Christ nous est presentée acceptée, comme si c'étoit la nôtre propre. C'est pourquoi il me semble que S. Ambroise a trouvé un exemple admirable de cette justice dans la bénédiction de Jacob: car comme Jacob sans avoir mérité

rité de soi-même le droit d'aînesse, s'étant caché sous la personne de son frere, en prenant sa robe qui rendoit une trés-bonne odeur, s'insinua auprés de son pere, pour en obtenir la bénédiction en la personne d'un autre, de même il faut que nous soyons cachez sous la sainteté précieuse de Jesus Christ nôtre Frere aîné, pour obtenir témoignage de justice, en la presence de Dieu. Voici les propres paroles de S. Ambroise. *L'odeur des vêtemens que flaira Isaac est sans doute pour nous apprendre, que nous ne sommes pas justifiez par*

Livre de Jacob & de la vie bienheureuse. ch. 2.

Iustification.

par les œuvres, mais que nous le sommes par la foi: parce qu'enfin, l'infirmité de nôtre chair est un trés-grand obstacle a nos œuvres, au lieu que la clarté de la foi qui nous obtient le pardon de nos fautes, en cache entiérement les defauts. Et certainement la chose est ainsi. Car pour comparoître devant la face de Dieu en salut, il est nécessaire que nous sentions bon de sa bonne odeur, & que nos vices soient cachez & ensévelis par sa perfection.

Genese 27.27.

CHAPITRE II.

Pour être persuadez, comme il faut, de la Justification gratuite, il faut que nous élevions nos esprits au Trône Judicial de Dieu.

Source des erreurs, touchant la justice des œuvres.

Quoi qu'il paroisse par des témoignages trés-évidens que toutes les choses que nous venons de dire sont trés-véritables: cependant il est impossible de voir combien elles sont nécessaires, que nous n'ayons mis devant les yeux ce qui doit être comme le fondement

ment de toute cette dispute. Il faut donc prendre garde d'abord, qu'il ne s'agit pas ici de la justice des Tribunaux des hommes, mais de la justice du Tribunal Céleste, afin que nous ne mesurions pas à nôtre régle quelle intégrité doivent avoir nos œuvres pour satisfaire au jugement de Dieu. C'est une chose surprenante de voir avec quelle témérité & avec quelle hardiesse on parle ordinairement de cela : & on peut même voir qu'il n'y en a point qui parlent avec plus de confiance & plus ouvertement de la justice des œuvres que ceux qui sont reconnus pour être les plus méchans & qui font le plus éclatter leurs vices. Cela arrive de ce qu'ils ne pensent pas à la justice de Dieu, car s'ils en avoient le moindre sentiment, ils ne s'en jouëroient jamais de la maniére qu'ils le font. Mais on ne peut que s'en moquer, du moment qu'on établit, que cette justice consiste à ne trouver rien d'acceptable que ce qui est entier & parfait en tout sens ; qu'à ce qui est entiérement pur, & qui n'est souillé d'aucune tache, car c'est ce qui ne s'est jamais

Justification.

mais rencontré en aucun homme & qui ne s'y rencontrera jamais. Ce n'est pas une chose difficile de disputer dans un coin d'Ecole, de la dignité que doivent avoir les œuvres pour justifier l'homme : chacun en peut parler sur le champ & même d'une maniére ingénieuse. Mais lors qu'on vient à se presenter devant la face de Dieu, il ne s'agit plus d'avoir recours à des chicaneries & à des disputes de mots frivoles. Il faut abandonner ces jeux d'esprit, parce qu'alors cette matiére doit être debattuë sérieusement. Or c'est

K 4 là

là que nous devons élever nôtre esprit, si nous voulons nous enquerir avec fruit, de la véritable justice, & sçavoir de quelle maniére il nous faudra répondre au Juge céleste, lors que nous serons appellez à rendre compte. Il faut donc que nous l'établissions pour nôtre Juge, non pas tel que nôtre entendement pourroit se le figurer, de soi-même, mais tel qu'il nous est representé dans l'Ecriture, sçavoir, comme ce Dieu souverain qui par sa clarté obscurcit les étoiles; qui par sa force fait fondre les montagnes; à la

Voyez principalement le Livre de Job.

la colére duquel la terre est ébranlée; & par la sagesse duquel les Sages sont surpris en leurs ruses; comme celui qui est si pur, que toutes choses sont souillées en comparaison de sa pureté; comme celui dont les Anges mêmes ne sçauroient soûtenir la justice; en un mot, comme ce Dieu souverainement juste qui ne tient point le coupable pour innocent, & dont la vangeance pénétre jusqu'au plus profond des Enfers, lors qu'elle est une fois enflammée. Qu'un tel Juge soit donc assis pour examiner les actions des hommes. Qui est-

est-ce qui osera, sans trembler, comparoître devant son Trône? *Qui est celui d'entre nous*, dit le Prophete Esaïe, *qui pourra sejourner avec le feu devorant? Qui est celui d'entre nous qui pourra sejourner avec les ardeurs éternelles? Ce sera celui qui chemine en justice & qui profére choses droites.* S'il se trouve quelqu'un de tel, qu'il se presente. Mais la réponse du Prophete fait voir qu'il n'y a personne qui osât se presenter. Car d'ailleurs cette terrible voix nous doit faire trembler: *O Eternel, si tu prens garde aux iniquitez, Sei-*

Esaïe 33. 14. 15.

Pseau. 130. 3.

Iustification.

Seigneur, qui est-ce qui subsistera? Il faudroit que dans le moment tous les hommes périssent, ainsi qu'il est écrit dans un autre endroit; L'homme sera-t-il plus juste que Dieu, l'homme sera-t-il plus pur que celui qui l'a fait? Voici, il ne s'assure point sur ses serviteurs, & il met de la lumiére en ses Anges: Combien moins en ceux qui demeurent aux maisons d'argile, desquels le fondement est en la poudre & qui sont consumez a la rencontre d'un vermisseau. Du matin au soir ils sont brisez. Et ailleurs; Voici, il ne s'assure point sur ses

Job 4. 17. 18. 19. 20.

Job 15. 15. 16.

ses Saints, & les Cieux ne se trouvent point purs devant lui. Et combien plus est abominable & puant l'homme qui boit l'iniquité comme l'eau? J'avouë qu'il est fait mention dans le Livre de Job, d'une justice plus élevée que celle qui consiste en l'observation de la Loi. Il est donc nécessaire que nous fassions cette distinction, parce qu'encore qu'il se trouvât quelqu'un qui accomplît la Loi, il lui seroit pourtant impossible de soûtenir l'examen de cette justice qui est au dessus de tout ce qu'on en pourroit penser.

Ainsi bien que Job ne se sente pas coupable, cependant il demeure épouvanté & ferme la bouche quand il vient à considérer que Dieu ne pourroit pas être appaisé même par la sainteté des Anges, s'il vouloit peser leurs œuvres & les examiner à la rigueur. Je laisse maintenant cette justice dont il est fait mention dans cet endroit-là, parce qu'elle est incompréhensible: je dis seulement que si nôtre vie étoit examinée sur la régle de la Loi écrite, il faudroit que nous fussions plus que stupides, si à la vûë de tant de maledicles dictions qu'elle renferme, & que Dieu n'y a insérées que dans le dessein de nous réveiller, nous n'étions saisis d'épouvantement & d'horreur, sur tout si nous jettons les yeux sur celle-ci qui est générale: *Maudit est quiconque n'est permanent en toutes les choses qui sont écrites au Livre de la Loi pour les faire.* En un mot, toute cette Dispute sera froide & entiérement insipide, si l'on ne se presente devant le Juge céleste; si l'on ne témoigne de l'inquiétude pour obtenir son absolution; si l'on ne s'abat volontairement devant Dieu;

Deut. 27. 26.

Dieu; si l'on ne s'aneantit en sa presence.

II. C'étoit donc là qu'il faloit élever les yeux pour apprendre plûtôt à trembler qu'à nous glorifier vainement. J'avouë que lors que nous nous comparons avec les hommes, nous nous pouvons figurer aisément que nous avons de certaines choses, que les autres ne doivent pas méprifer: mais dés que nous venons à nous élever jusqu'à Dieu, cette confiance est détruite & aneantie dans un moment. En effet, il arrive à nôtre ame, à l'égard de Dieu, ce qui arrive à nôtre

tre corps, à l'égard du Ciel visible. Tandis que l'homme ne s'attache qu'à regarder les corps qui sont autour de lui, il est convaincu que sa vûë est bonne & forte: mais dés qu'il regarde fixement le Soleil, il est tout d'un coup si ébloüi de sa clarté, qu'il faut qu'il convienne, que ses yeux ont infiniment plus de foiblesse, lors qu'il s'agit de soûtenir les rayons de cet Astre, qu'ils ne sembloient avoir de force, lors qu'ils regardoient les choses inférieures. Ne nous decevons pas donc nous-mêmes par une vaine confiance: car quand

quand nous serions égaux, ou supérieurs à tous les autres hommes, cela ne seroit rien à l'égard de Dieu, à la volonté duquel cette connoissance doit être rapportée. Que si nôtre fierté ne peut être domptée par de telles admonitions, il nous sera répondu ce qui fut dit aux Pharisiens : *C'est vous qui vous justifiez vous-mêmes devant les hommes, mais Dieu connoist vos cœurs : car ce qui est haut devant les hommes est abomination devant Dieu.* Allez donc, & nous glorifiez orgueilleusement de vôtre justice devant

Luc 16. 15.

L les

les hommes, tandis qu'elle sera en abomination au Ciel devant Dieu. Mais que font au contraire les serviteurs de Dieu qui ont été enseignez par son Esprit? Ils disent avec le Prophete David; *Eternel, n'entre point en jugement avec ton serviteur, d'autant que nul vivant ne sera justifié devant toi.* Ils disent avec Job, quoi que dans un sens un peu différent; *Comment l'homme mortel se justifiera-t-il envers le Dieu fort? S'il veut plaider avec lui, de mille articles il ne sçauroit répondre à un seul.* Nous voyons donc maintenant d'une ma-

Pseau. 143. 2.

Job 9. 2.

maniére trés-claire que la justice de Dieu ne sçauroit être satisfaite par aucunes œuvres que les hommes puissent faire, & qu'au contraire cette justice nous accusant de mille crimes, nous ne sçaurions nous purger d'un seul. Certes S. Paul ce grand Vaisseau d'élection l'avoit bien conçûë telle en son cœur, lors qu'il confesse; *que quoi qu'il ne se sente coupable de rien, il n'est pas néanmoins justifié.* 1. Cor. 4. 4.

III. Ce n'est pas seulement dans l'Ecriture que nous trouvons de tels exemples, mais tous les Ecrivains pieux

pieux ont fait voir qu'ils étoient dans le même sentiment. *La seule espérance des fidelles qui gémissent sous le fardeau de leur chair corruptible & sous les infirmitez de la vie presente*, dit S. Augustin, *est que nous avons un Médiateur, sçavoir, Jesus Christ, qui nous a obtenu la rémission de nos péchez.* Que peuvent signifier ces paroles? Si les fidelles n'ont que cette seule espérance, où est la confiance des œuvres? Car enfin, en disant que c'est-là la seule espérance des fidelles, il ne leur en laisse aucune autre. Semblablement S. Ber-

Livre à Boniface. 3. Ch. 5.

Bernard s'exprime de cette maniére; *Et certes, où est-ce que les infirmes trouveront un véritable repos & une assurance qui soit ferme, sinon dans les playes du Sauveur? J'habite là dautant plus seurement qu'il est puissant à sauver. Le monde fremit, mon corps m'accable, le Diable me dresse des embûches. Ie ne tombe point cependant, parce que je suis appuyé sur une pierre ferme. J'ai commis des péchez atroces. Ma conscience en est troublée: mais elle ne l'est pas entiérement, parce que je me souviendrai des playes du Sei-*

Sur le Cantique des Cantiques. Sermon 61.

Traité de la Seigneur. Ensuite il conclut, de ces choses; C'est pourquoi mon mérite est la miséricorde du Seigneur. Je ne serai point pauvre en mérite, tandis que le Seigneur sera riche en miséricorde. Que si les miséricordes du Seigneur abondent, j'abonderai aussi en mérites. Exalterai-je mes justices ? Seigneur, il me souviendra de ta justice seule. C'est elle seule qui est la mienne, car tu m'as été donné de Dieu ton Pere, pour être ma justice. Il s'exprime ailleurs, de cette maniére ; C'est ici tout le mérite de l'homme, s'il met toute son espérance en celui qui sau-

Sur le Pseau. Qui habitera. Serm. 15.

ve

ve tout l'homme. Semblablement dans un autre endroit retenant la paix à soi & laissant à Dieu toute la gloire, voici quels sont les termes qu'il employe ; *Que la gloire te demeure entiére, c'est assez pour moi que j'aye la paix. Ie renonce donc entiérement à une gloire qui ne m'appartient pas, de peur qu'en usurpant ce qui n'est pas mien, je ne perde ce qui m'est offert.* Enfin dans un autre lieu il s'exprime encore d'une maniére plus claire ; *Pourquoi l'Eglise se mettra-t-elle en peine de mérites, puis qu'elle a dans le bon plaisir de Dieu*

Sur le Cantique des Cantiq. Serm. 13.

Serm. 68.

un sujet de se glorifier beaucoup plus certain & plus ferme? Ainsi il n'est pas besoin de s'enquerir par quels mérites nous espérons les biens, principalement lors que nous oyons par la bouche du Prophete; *Ie ne le fais point pour l'amour de vous, mais à cause de moi*, dit le Seigneur, Il suffit donc pour mériter de sçavoir que les mérites ne suffisent pas. Ainsi comme c'est assez, pour mériter, de ne présumer d'aucuns mérites, aussi c'est assez de n'en avoir point, pour être jugé. Or qu'il donne le nom de mérites aux bonnes œuvres, c'est une expres-

Ezech. 36. 22. 32.

pression qu'il faut pardonner à l'usage de son temps. Le dessein qu'il se propose est d'épouvanter les hypocrites, qui en se donnant toute licence abusent insolemment de la grace de Dieu. En effet, c'est ce qu'il explique dans la suite. *Que l'Eglise*, dit-il, *est heureuse d'avoir des mérites, dont elle ne peut pas s'enorgueillir, & de pouvoir se glorifier, sans se glorifier de ses mérites. Elle a de quoi se glorifier*, continuë-t-il, *mais elle n'a pas de quoi mériter. Que si toutefois on peut dire qu'elle a des mérites, ce sont des mérites pour la rendre*

dre digne des biens dont elle doit être faite participante, mais non pas pour présumer d'elle-même : car n'est-ce point mériter que de ne point présumer de soi ? Ainsi, ajoûte-t-il enfin, l'Eglise peut dautant plus sûrement présumer qu'elle ne présume point, parce que les grandes miséricordes de Dieu lui fournissent une ample matiére de se glorifier.

IV. Et certainement la chose est ainsi. Les consciences bien exercées sentent qu'il n'y a point d'autre asile où elles puissent respirer en seureté, lors qu'il s'agit d'entrer

trer en jugement avec Dieu. En effet, si les étoiles qui pendant la nuit paroissent les plus lumineuses perdent leur lumiére, dés que le Soleil vient à paroître, que pensons-nous qu'il arrivera, à l'égard de la plus parfaite innocence de l'homme, quand elle sera comparée avec la pureté de Dieu ? Car l'examen qui se fera sera un examen à toute rigueur, un examen par lequel les plus secrettes pensées du cœur seront pénétrées, & qui, comme dit S. Paul, *mettra en lumiére les choses cachées dans les ténébres, & manifestera les*

1. Cor. 4. 5.

les conseils des cœurs, contraignant la conscience, malgré la résistance & les efforts qu'elle fera pour ne se découvrir pas, de déclarer jusques aux choses qui nous sont passées de la mémoire. Le Diable d'un autre côté nous accusera, sçachant bien les crimes que nous aurons commis, puis que c'est lui qui nous sollicite à les commettre. Alors tout ce grand étalage de bonnes œuvres extérieures dont on fait tant de cas aujourd'hui ne servira de rien ; la seule sincérité de la volonté sera requise. Ainsi l'hypocrisie sera entièrement

ment confonduë, quoi qu'elle soit aujourd'hui plus enyvrée d'orgueil & d'ostentation qu'elle n'a jamais été, non seulement celle que ceux qui se reconnoissent méchans devant Dieu font paroître devant les hommes, mais encore celle par laquelle quelques-uns veulent imposer à Dieu même, car enfin nous sommes enclins à présumer de nous & à nous flater. Ceux qui n'élevent point leurs pensées à un tel spectacle peuvent bien s'imaginer pour quelques momens qu'ils sont justes, & pendant ces momens jouïr même a-
vec

vec plaisir & tranquillement de la justice qu'ils s'attribuent: mais c'est une justice qui leur sera arrachée, dés qu'il faudra comparoître en jugement devant Dieu. Il en sera comme de ceux qui en dormant songent qu'ils ont amassé de grandes richesses ; ce sont des richesses qui s'évanouissent & qui disparoissent à leur réveil. Au contraire, ceux qui chercheront, comme sous les yeux de Dieu, la véritable régle de la justice trouveront pour certain que toutes les œuvres des hommes, si on les considére par rapport à leur

Iustification. 175

leur dignité ne sont que saleté & ordure; que ce qu'on croit ordinairement être justice n'est que pure iniquité devant Dieu; que ce qu'on croit intégrité n'est que soüillure; & que ce qu'on estime gloire n'est qu'ignominie.

V. Aprés avoir contemplé cette perfection de Dieu, il faut que sans en avoir honte, nous descendions jusques à nous; que nous nous regardions sans nous flater, & sans nous laisser decevoir à la passion aveugle de nôtre amour propre. Car ce n'est point une chose surprenante, si nous

nous sommes aveugles à cet égard-là, tandis qu'il n'y a aucun de nous qui se préserve contre cette funeste indulgence que nous avons pour nous-mêmes & qui est enracinée naturellement en nous, selon le témoignage de l'Ecriture. *Chacune des voyes de l'homme lui semble droite*, dit Salomon. *Chacune des voyes de l'homme lui semble nette.* Mais quoi? Parce qu'on est dans l'illusion doit-on être absous? Au contraire, comme ajoûte d'abord le Sage; *L'Eternel pese les cœurs*: c'est à dire, tandis que l'homme se flate de ce phantôme de

Prover. 21. 2. 16. 2.

de justice extérieure dont il fait parade, le Seigneur examine à sa balance l'impureté qui est cachée dans son cœur. Puis donc qu'il ne nous sert de rien de nous flater, ne nous séduisons pas nous-mêmes, en courant volontairement à nôtre ruïne. Or pour nous examiner droitement il est nécessaire de renvoyer nôtre conscience devant le Tribunal de Dieu. Nous ne sçaurions nous passer de la lumiére de ce Tribunal, car les envelopes qui couvrent nôtre méchanceté sont cachées dans un lieu si profond qu'on ne

M les

les peut découvrir autrement. Si nous prenons ce parti nous sentirons veritablement ce que signifient ces paroles; qu'il s'en faut beaucoup que l'homme soit justifié devant Dieu, lui qui n'est que corruption & que pourriture; lui qui est abominable & vain; lui *qui boit l'iniquité comme l'eau. Qui tirera le net de ce qui est soüillé? Pas un.* Nous éprouvons encore ce que Job disoit de lui-même; *Si je me justifie, ma propre bouche me condamnera. Allegué-je que je suis entier, de même il me déclarera pervers.* La complain-

Job 15.
16. 14.
4. 9. 20.

plainte que le Prophete Esaïe faisoit de son temps touchant Israël ne regarde pas un seul Siécle: elle les regarde tous. *Nous avons été, dit-il, errans comme des brebis, nous nous sommes détournez un chacun en son propre chemin.* Car il comprend là tous ceux ausquels la grace de la rédemption devoit être communiquée. Or la rigueur de cet examen se doit continuer jusqu'à-ce qu'il nous ait jetté dans une si grande consternation, que nous soyons en état de recevoir la grace de Jesus Christ. Car celui-là se séduit lui-mê-

Esaïe 53. 6.

même qui pense être capable d'en jouïr, à moins qu'il n'ait auparavant renoncé à l'orgueil de son cœur. Ces paroles ne sçauroient être plus claires: *Dieu résiste aux orgueilleux, mais il fait grace aux humbles.*

<small>1. Pier. 5. 5. Jaques 4. 6.</small>

VI. Or quelle est la maniére de nous humilier, sinon que nous reconnoissant pauvres & entiérement vuides, nous excitions la miséricorde de Dieu? Car il ne faut pas s'imaginer que nous soyons humbles, si nous nous flatons qu'il y ait en nous quelque résidu de justice. En effet, nous avons fait voir ci-

ci-devant, que c'est une hypocrisie pernicieuse de nous humilier devant Dieu dans le temps que nous avons en estime nôtre justice ; ce sont deux choses incompatibles. Car si nous faisons devant Dieu une confession qui se trouve contraire à ce que nous sentons, nous mentons devant lui méchamment. Or il est impossible que nous nous appercevions comme il faut de ce que nous sommes & que nous en ayons un véritable sentiment, que nous ne renoncions entiérement à tout ce que nous croyons qu'il y a d'excellent en nous.

nous. Quand nous oyons donc, de la bouche du Prophete: *C'est toi qui sauves le peuple affligé & abaisses les yeux des hautains*, pensons premiérement, qu'il n'y a nul chemin qui nous soit ouvert pour être sauvez, que nous ne renoncions à tout orgueil & ne soyons revêtus d'une humilité sincére: & en second lieu, que cette humilité n'est pas une modestie, par laquelle nous voulons bien relâcher quelque chose de nôtre droit, pour nous abaisser devant Dieu, comme nous appellons humbles parmi les hommes, ceux qui ne

Pseau. 18. 28.

ne font pas paroître une fierté excessive & qui n'insultent pas les autres, bien qu'ils se flatent intérieurement, qu'ils sont pourvûs de qualitez qui les doivent faire estimer: mais que c'est une soûmission sincére du cœur consterné véritablement par le sentiment de sa misére & de son indigence. C'est ainsi que l'humilité est décrite par tout dans la parole de Dieu. Quand le Seigneur dit à son Eglise par la bouche de Sophonie; *qu'il ôtera ceux qui s'éjouissent, & qu'il fera demeurer de reste au milieu d'elle un peuple affligé &* ché-

Sophonie 3. 11. 12.

chétif qui aura sa retraite vers lui, ne démontre-t-il pas clairement qui sont les humbles, sçavoir, ceux qui sont affligez par la connoissance de leur pauvreté? Au contraire il appelle orgueilleux ceux qui s'égayent, parce que les hommes ont accoûtumé de s'égayer & de se réjouïr, lors qu'ils sont dans la prospérité. De plus, il ne laisse autre chose aux humbles qu'il veut sauver, que la seule espérance qu'ils ont en lui. Voici encore de quelle maniére il parle dans Esaïe: *A qui regarderai-je? Ce sera à celui qui est affligé &*

Esaïe 66. 2.

& qui a l'esprit brisé, & qui tremble a ma parole. Et dans un autre endroit: *Ainsi a dit celui qui est haut élevé, qui habite en l'Eternité, & duquel le nom est le Saint; j'habiterai au lieu haut & saint, & avec celui qui est brisé & humble d'esprit, afin de vivifier l'esprit des humbles, & ceux qui sont brisez de cœur.* Cette affliction, cette contrition dont il est si souvent parlé, désigne une playe qui est au cœur, qui accable & qui atterre l'homme d'une telle maniére, qu'il ne se sçauroit relever. Et certes il est nécessaire

re que nôtre cœur soit ainsi affligé & contrit, si comme Dieu l'a prononcé, nous voulons être élevez avec les humbles. Autrement, nous serons humiliez par la main puissante de Dieu, à nôtre confusion & à nôtre honte.

VII. Mais nôtre bon Maître ne se contentant pas de paroles nous a representé dans une Parabole, comme dans un tableau la véritable image de l'humilité. Il nous propose un Péager qui se tenant loin, & n'osant pas même lever les yeux vers le Ciel, prie, en gémissant, de cette maniére : *O Dieu, sois ap-*

<small>Luc 18. 13.</small>

appaisé envers moi qui suis pécheur. Ne nous imaginons pas, que lors qu'il n'ose lever les yeux en haut; que lors qu'il n'ose s'approcher; que lors qu'il se confesse pécheur, en frappant sa poitrine, ce soient là des signes d'une modestie feinte; ce sont des témoignages du sentiment de son cœur. D'un autre côté, il oppose un Pharisien, qui *rend graces à Dieu de ce qu'il n'est pas comme le reste des hommes, ravisseur, injuste, adultére; de ce qu'il jeûne deux fois la semaine, & qu'il donne la dixme de tout ce qu'il posséde.* Il reconnoît,

noît, à la vérité, par une confession publique, que sa justice est un don de Dieu: cependant parce qu'il s'y confie trop & qu'il présume trop de ses œuvres, il s'en retourne desagréable & odieux aux yeux de Dieu; au lieu que le Péager est justifié par la connoissance de son injustice. De là on peut voir, combien nôtre humilité est agréable à Dieu; & combien un cœur est peu capable de recevoir sa miséricorde, s'il n'est vuide de toute opinion de sa propre dignité. Dés qu'un cœur est occupé d'une semblable présomption, l'entrée

à

Iustification. 189

à la miséricorde lui est fermée. Et afin qu'il n'y eût personne qui pût révoquer cela en doute, Jesus Christ a été envoyé par son Pere dans le monde, avec la charge d'évangéliser aux debonnaires, de médeciner ceux qui ont le cœur froissé ; de publier aux captifs la liberté; aux prisonniers l'ouverture de leur prison ; de consoler ceux qui menent deüil ; & de mettre en avant à ceux de Sion qui menent deüil, que magnificence leur sera donnée, au lieu de la cendre; l'huile de joye, au lieu de deüil ; & le manteau de loüange, au lieu de l'esprit é-tour-

Esaïe 62. 1. 2. 3.

tourdi. Selon ce commandement, il n'invite à participer à sa bénéficence que ceux qui sont *travaillez & chargez*, comme il dit dans un autre Passage, *qu'il n'est point venu appeller les justes à repentance, mais les pécheurs.*

Matth. 11. 28.
9. 13.

VIII. C'est pourquoi, si nous voulons donner lieu à la vocation de Jesus Christ, il faut que nous éloignions absolument de nous & l'arrogance & la sécurité. L'arrogance tire son origine d'une folle persuasion de justice propre, qui fait que l'homme s'imagine d'avoir quelque chose qui mérite que Dieu

Justification.

Dieu y ait égard: & la sécurité peut être sans aucune persuasion d'œuvres. Car il y a une infinité de pécheurs si enyvrez de la douceur de leurs vices, qu'ils ne pensent point au jugement de Dieu ; & qui sont comme tombez dans une si profonde Léthargie, qu'ils n'aspirent en aucune maniére à la miséricorde qui leur est offerte. Or il n'est pas moins nécessaire de nous réveiller de cet assoupissement, que de rejetter toute la confiance que nous avons en nous-mêmes, si nous voulons être en état de courir à Jesus Christ, ensorte

sorte qu'étant vuides & à jeun nous puissions être remplis de ses biens. Car jamais nous ne nous confierons bien en lui que nous ne nous défions entiérement de nousmêmes. Jamais nous n'éléverons comme il faut nôtre cœur vers lui, que nous ne l'ayons auparavant abaissé. Jamais nous ne recevrons en lui aucune veritable consolation, que nous ne soyons affligez au dedans de nous. Nous sommes donc disposez à recevoir & à obtenir la grace de Dieu, lors qu'ayant rejetté entiérement toute la confiance que nous avons en nous-

nous-mêmes, nous ne nous appuyons que sur la seule assurance de la bonté, ou comme parle S. Augustin, *lors qu'ayant oublié nos mérites nous embrassons les graces que Jesus Christ nous offre, parce,* ajoûte-t-il, *que si Jesus Christ cherchoit en nous quelque mérite, nous ne pourrions jamais prétendre à être faits participans de ses dons.* C'est ce que S. Bernard a dit fort élégamment aprés lui, en comparant à des serviteurs déloyaux les orgueilleux qui attribuent quelque chose à leurs œuvres, pour si peu qu'ils leur attribuent,

De la Par. Apost. Chap. 8

Serm. 13. sur le Cant.

parce qu'ils retiennent injustement la loüange qui n'est dûë qu'à la grace qu'ils ont reçûë; ce qui est la même chose que si l'on disoit d'une muraille qu'elle a produit la lumiére qu'elle reçoit par une fenêtre. Mais pour ne nous arrêter pas ici davantage, ayons toûjours devant les yeux cette Régle générale, qui pour être courte, n'en est pas moins certaine: c'est que celui-là est disposé, de la maniére que Dieu le demande, à participer aux fruits de sa miséricorde, qui renonce entiérement, je ne dirai pas à sa justice, qui n'est rien, mais à ce ce vain phantôme de justice dont il pourroit s'enorgueillir : car enfin, plus nous nous reposons en nous-mêmes & plus nous mettons des obstacles à la bénéficence de Dieu.

CHAPITRE III.

Qu'il y a deux choses à considérer dans la Iustification gratuite.

Ainsi il y a deux choses ausquelles nous devons prendre garde particuliérement, la premiére, que la gloire doit être conservée

à Dieu en tout son entier, & la seconde, que nos consciences doivent jouïr d'un repos paisible & d'une tranquilité assurée devant son Tribunal. Nous voyons combien de fois & avec quel soin l'Ecriture nous exhorte à confesser, que c'est à Dieu seul que toute la loüange est dûë, lors qu'il est question de justice. L'Apôtre témoigne même, que la fin que Dieu s'est proposée en nous conférant la justice en Jesus Christ, a été de démontrer la sienne. Ensuite de quoi il fait voir qu'elle se démontre, s'il est reconnu seul *juste, & justifiant ce-*
lui

Rom. 3. 25.

lui qui a la foi en Iesus Christ. Ne voyons-nous pas évidemment, que la justice de Dieu ne peut être bien manifestée, qu'en reconnoissant qu'il est seul juste, & qu'il communique la grace de la justice à ceux qui ne l'ont point méritée ? Pour cette cause, il veut, *que toute bouche soit fermée & que tout le monde soit coupable devant lui* : parce qu'autant que l'homme a de quoi parler pour sa défense, autant la gloire de Dieu se trouve-t-elle diminuée. C'est pourquoi il nous apprend dans Ezechiel, que nous ne glorifions

|Rom. 3. 19.

sions jamais mieux son nom, que lors que nous reconnoissons nôtre iniquité. *Vous vous souviendrez, dit-il, de vôtre train, & de toutes vos actions ausquelles vous vous êtes soüillez: & vous serez ennuyez en vous-mêmes de tous vos maux que vous aurez faits. Et vous sçaurez que je suis l'Eternel, de ce que j'aurai fait en vôtre endroit, à cause de mon nom, autrement que selon vôtre méchant train, & selon vos actions corrompuës.* Si c'est donc là en quoi consiste une partie de la véritable connoissance de Dieu, qu'étant hu-

Ezech. 20. 43. 44.

humiliez par la connoissance de nôtre iniquité, nous reconnoissions que c'est lui qui nous fait du bien, encore que nous en soyons indignes; pourquoi tentons-nous par le plus grand de tous les crimes de lui dérober la moindre partie de cette loüange qui est dûë à sa bonté gratuite? Semblablement, lors que Jeremie s'écrie; *que le sage ne se glorifie point en sa sagesse; que le fort ne se glorifie point en sa force; que le riche ne se glorifie point en ses richesses: mais que celui qui se glorifie, se glorifie au Seigneur*, ne nous veut-il pas fai-

Jerem. 9. 23. 24.

re entendre, que lors que l'homme se glorifie en soi-même, il ravit à Dieu une partie de sa gloire. En effet, c'est dans cette vûë que S. Paul employe ce Passage, lors qu'il dit que tout ce qui concerne nôtre salut a été commis à Jesus Christ & lui a été donné en dépôt, *afin, dit-il, que celui qui se glorifie, se glorifie au Seigneur.* Car il veut signifier que celui qui s'imagine d'avoir, de soi-même, la moindre justice, s'éléve contre Dieu & diminuë l'éclat de sa gloire.

II. Et certainement, nous ne nous glorifions jamais en Dieu,

Justification.

Dieu, de la maniére qu'il le demande, que lors que nous avons renoncé entiérement à nôtre gloire. Au contraire, nous devons tenir pour certaine cette régle générale; que celui qui se glorifie en soi se glorifie contre Dieu. C'est pourquoi S. Paul estime, *que tout le monde est coupable devant Dieu*, jusqu'à ce que toute matiére de se glorifier soit entiérement ôtée aux hommes. En effet, aprés qu'Esaïe a déclaré que la Justification d'Israël sera en Dieu, il ajoûte, que ce sera en lui que sera aussi sa loüange, comme s'il disoit, que la

Rom. 3. 19.

Esaïe 45. 25.

fin

fin pour laquelle les élûs de Dieu sont justifiez est qu'ils se glorifient en lui & non ailleurs. Et que cela ne soit, il l'avoit enseigné dans les paroles qui précédent ; *Pour vrai*, avoit-il dit, *on dira de moi, il y a des justices & de la force en l'Eternel.* Or il faut remarquer que la confession qui est exigée n'est pas une simple confession, mais une confession confirmée par serment, de peur que nous ne nous imaginions que nous pouvons nous en aquiter, par je ne sçai quelle humilité feinte. Et il ne faut point que quelqu'un allégue,
qu'il

qu'il ne se glorifie point, lorsqu'il est convaincu que sa propre justice est sans ostentation: car une telle estime ne peut être sans confiance, & il n'est pas possible que cette confiance n'engendre la gloire. Il faut donc que nous nous souvenions toûjours, en disputant de la justice, que tout se doit terminer à cette fin, que la gloire de la Justification doit demeurer à Dieu pleine & entiére: puis que pour *démontrer sa justice*, comme dit l'Apôtre, il a répandu sa grace en nous, *afin qu'il soit juste, & justifiant celui qui a la foi en Jesus.*

Rom. 3. 24. 25.

Ephes. 1. 6.

sus. De là vient, que dans un autre endroit, aprés avoir dit que le Seigneur nous a donné le salut dans le dessein d'exalter la gloire de son nom, il dit, répétant presque la même chose; *Car vous êtes sauvez par grace, par la foi: & cela non point de vous, c'est le don de Dieu: non point par les œuvres, afin que personne ne se glorifie.* Et lors que S. Pierre nous avertit, que nous sommes appellez à l'espérance du salut, *pour annoncer les vertus de celui qui nous a appellez, des ténébres, à la merveilleuse lumiére;* il nous veut apprendre,

Ephes. 2. 8. 9.

1. Pierre 2. 9.

dre, sans doute, que les fidelles doivent faire retentir, d'une telle maniére, les seules loüanges de Dieu, que toute présomption de la chair se trouve forcée à garder le silence. En un mot, il faut conclurre, que l'homme ne peut s'attribuer la moindre petite partie de justice, parce que pour si peu qu'il s'en attribuë, autant il amoindrit & diminuë la gloire de la justice de Dieu.

III. Maintenant si nous demandons par quel moyen nôtre conscience peut être tranquile devant Dieu, je répons qu'elle ne sçauroit l'être,

tre, à moins que Dieu ne nous communique lui-même la justice par un pur don de sa grace. Souvenons-nous toûjours de ces paroles de Salomon: *Qui est-ce qui peut dire, j'ai purgé mon cœur: je suis net de mon péché?* Certes, il n'y en a pas un qui ne soit couvert d'une infinité de soüillures. Que le plus parfait donc descende jusques dans sa conscience, & qu'il tienne registre de tout ce qu'il fait, de quoi lui servira cela? Pourra-t-il joüir d'une véritable tranquilité d'ame, comme s'il étoit en paix avec Dieu? Au contraire, s'il ne ne s'estime, que par rapport à ses œuvres, lors qu'il sentira qu'il n'y a en lui que toute matiére de condamnation, ne sera-t-il pas plûtôt déchiré par les plus horribles tourmens ? Lors que la conscience regarde Dieu, il faut nécessairement, ou qu'elle jouïsse d'une paix assurée devant son jugement, ou qu'elle se trouve environnée de toutes les terreurs de l'enfer. Nous n'avançons donc rien, en disputant de la justice, si nous ne l'établissons d'une telle maniére, que ce soit sur sa fermeté que nôtre ame soit appuyée, lors qu'elle compaparoîtra devant le jugement de Dieu. Quand nôtre ame sera dans cet état qu'elle pourra se presenter devant Dieu sans aucune crainte, & soûtenir son jugement sans être ébranlée, alors nous pouvons être persuadez que nous avons trouvé une justice qui n'est point feinte. Ce n'est pas donc sans raison que l'Apôtre, des paroles duquel j'aime mieux me servir que des miennes, insiste si fort dans cette rencontre. *Si* *ceux*, dit-il, *qui sont sous la Loi sont héritiers, la foi est aneantie, & la promesse abolie.* Il inféré premiérement que

Rom. 4. 14.

que la foi seroit aneantie & renduë vaine, si la promesse de la justice avoit en vûë le mérite de nos œuvres, ou qu'elle dépendit de l'observation de la Loi. En effet, qui pourroit jamais se reposer en assurance sur une telle promesse, puis qu'il ne se trouvera jamais aucun homme qui puisse être persuadé véritablement dans son ame, qu'il a satisfait à la Loi ? Et certainement nul n'y satisfait jamais pleinement par ses œuvres. Il ne faut pas aller chercher loin des témoignages pour être convaincu de cela. Chacun dans cette

O occa-

occasion se peut servir de témoin à soi-même, s'il se veut regarder, d'un œil droit. Et de là il paroît, en quels abîmes profonds & remplis de ténèbres l'hypocrisie précipite l'esprit des hommes, lors qu'ils se reposent avec tant de sécurité sur eux-mêmes, qu'ils ne font point de difficulté d'opposer les œuvres dont ils se flattent, au jugement de Dieu, comme s'ils lui offroient quelque tréve. Il n'en est pas de même des fidelles qui s'examinent sincérement, ils ont bien d'autres soins qui les pressent & qui les travaillent. Et véritable-

Iustification.

blement, ils feroient d'abord accablez de doutes, & puis en suite de desespoir, lors qu'ils viendroient à faire réflexion combien seroit pesant le fardeau des dettes dont ils seroient chargez, & combien ils se trouveroient éloignez d'accomplir la condition qui leur a été imposée. Voilà donc déja la foi opprimée & éteinte: car flotter, ne sçavoir à quoi se résoudre, être agité de toutes parts, douter, chanceller, être en suspens, en un mot desespérer, ce n'est pas une confiance. La véritable confiance consiste à confirmer son cœur dans une certitude constante, & dans une sécurité solide, & à avoir un appui ferme sur lequel on puisse se reposer.

IV. Il ajoûte en second lieu, que la promesse seroit inutile & qu'elle seroit abolie. En effet, si l'accomplissement de la promesse dépendoit, de nôtre mérite, quand pourrions-nous parvenir à ce poinct que de mériter les bienfaits de Dieu? Il y a plus. Ce second membre se peut déduire du premier: car enfin la promesse ne sçauroit être accomplie, qu'elle ne soit embrassée par la foi. Or si si la foi est aneantie, il ne reste aucune vertu à la promesse. C'est pourquoi nous obtenons l'héritage par la foi, afin qu'il soit fondé sur la grace de Dieu, & qu'ainsi la promesse soit établie : car elle est trés-bien confirmée, quand elle est appuyée sur la seule miséricorde de Dieu, parce que la miséricorde & la vérité sont unies ensemble par un lien perpétuel : c'est à dire, que tout ce que le Seigneur nous promet par un effet de sa compassion, il nous le tient fidellement. C'est pour cette raison que lors que le Prophete David, demande que le salut lui soit octroyé selon la promesse de Dieu, il établit en même temps, que c'est en sa miséricorde qu'il en faut rechercher la cause. *Ie te prie,* [Pseau. 119. 76. 77.] dit-il, *que ta gratuité soit pour me consoler, selon ta parole adressée à ton serviteur ; que tes compassions viennent sur moi, & je vivrai.* Et certes, c'est avec beaucoup de raison, car Dieu n'est porté à nous faire des promesses, que par sa pure miséricorde. C'est donc là qu'il faut attacher nôtre espérance & la fixer toute entiére, au lieu d'avoir égard

Iustification.

égard à nos œuvres, pour y chercher quelque secours. Et afin qu'on ne s'imagine pas qu'on dise ici quelque chose de nouveau, c'est ainsi que S. Augustin veut qu'on en use. *Iesus Christ*, dit-il, *régnera éternellement en ses serviteurs. Dieu l'a promis, Dieu l'a dit, & si cela n'est pas assez, Dieu l'a juré. Ainsi, puis que sa promesse demeure ferme, non point à cause de nos mérites, mais à cause de sa miséricorde, il faut que nous déclarions sans crainte ce dont nous ne sçaurions douter.* S. Bernard veut la même chose. *Qui est-ce qui sera sau-*

Sur le Pseaume 88. 1. Traité.

Sur la Dedicace du Temple, Sermon 5.

sauvé, disent les Disciples à Iesus ? Il leur répondit, que ce qui étoit impossible aux hommes n'étoit pas impossible à Dieu. Voilà, dit S. Bernard, toute nôtre confiance, voilà nôtre seule consolation, voilà tout le fondement de nôtre espérance. Mais quoi que nous soyons certains qu'il est tout puissant, que dirons-nous de sa volonté ? Qui est celui qui peut sçavoir, s'il est digne de haine, ou d'amour ? Car qui a connu l'intention du Seigneur, pour le pouvoir instruire ? Il faut ici nécessairement que la foi & que la vérité viennent à nôtre secours,

Ecclef. 9. 1. 1. Cor. 2. 16.

cours, afin que ce qui nous regarde & qui est caché dans le cœur du Pere nous soit révélé par son Esprit, & que son Esprit, en nous rendant témoignage, persuade à nos cœurs, que nous sommes enfans de Dieu: & qu'il le leur persuade, en nous appellant, & en nous justifiant gratuitement par la foi, car la vocation & la Iustification sont comme le milieu par où il faut passer, de la prédestination éternelle à la gloire qui est à venir. Il faut donc que nous raisonnions en peu de mots de cette maniére: L'Ecriture publie que les pro-

promesses de Dieu ne sçauroient être fermes, qu'elles ne soient reçûës par une confiance certaine, qui se fasse sentir à la conscience; elle déclare qu'elles sont vaines à nôtre égard, du moment qu'il y a en nous du doute & de l'incertitude ; en un mot, que nous ne pouvons qu'être chancellans & flotter, si ces promesses ne sont appuyées que sur nos œuvres. Il faut donc nécessairement, ou que nôtre justice soit anéantie, ou que n'ayant aucun égard à nos œuvres, nous n'ayons recours qu'à la seule foi, dont la nature est de rendre atten-

Justification.

tentifs & de fermer les yeux, c'est à dire, de nous rendre appliquez à la seule promesse, & de nous détourner des pensées que nous pourrions avoir de la dignité, ou du mérite de l'homme. Ainsi se trouve accompli cet excellent Oracle de Zacharie; que *quand l'iniquité de la terre sera ôtée, chacun appellera son prochain sous sa vigne & sous son figuier.* Dans lequel Oracle le Prophete fait voir que les fidelles ne peuvent jouïr d'une paix véritable, qu'aprés qu'ils ont obtenu la rémission de leurs péchez. Car il faut regarder,

Zacharie 3. 9. 10.

comme une chose certaine, que les Prophetes s'accordent tous en ceci, c'est que quand ils parlent du régne de Jesus Christ, ils proposent les bénédictions extérieures de Dieu dans la vûë de representer les biens spirituels. De là vient que Jesus Christ est appellé tantôt *Roi de Paix*, & tantôt *nôtre Paix*, parce que c'est lui qui appaise tous les troubles de la conscience. Que si l'on demande par quel moyen ces troubles sont appaisez, je répons, que ce n'est qu'en ayant recours au sacrifice par lequel Dieu a été satisfait: car il

Esaïe 4 6.
Ephes. 2. 14.

il n'y a point d'homme qui ne soit dans une continuelle frayeur, jusqu'à-ce qu'il soit pleinement persuadé que Dieu est appaisé envers nous par l'expiation que Jesus Christ a faite, en soûtenant toute sa colére. En un mot, ce n'est que dans les terreurs de Jesus Christ nôtre Rédempteur, que nous devons chercher nôtre paix.

V. Mais pourquoi avoir recours à un témoignage qui est obscur en quelque maniére, puis que S. Paul nie par tout, que la conscience puisse joüir d'une paix & d'une joye tranquile, à moins que ce

Rom. 5. 1. 5.

ce poinct ne soit établi, que nous sommes justifiez par la foi ? Il déclare en même temps d'où procéde cette certitude, sçavoir, *quand l'amour de Dieu est répandu dans nos cœurs par le S. Esprit*: car c'est comme s'il disoit, que nos ames ne peuvent être nullement appaisées, que nous ne soyons entiérement persuadez que nous sommes agréables à Dieu. C'est pourquoi il s'écrie ailleurs, en la personne de tous les fidelles : *Qui est-ce qui nous séparera de l'amour de Dieu qu'il nous a montrée en Iesus Christ nôtre Seigneur.*

Rom. 8. 34. 38.

gneur. En effet, jusqu'a-ce que nous soyons arrivez à ce port, nous tremblerons, au souffle du moindre vent, au lieu qu'autant de temps que Dieu sera nôtre Berger, *nous ne craindrons rien, quand nous cheminerions même dans la vallée d'ombre de mort.* Ainsi ceux qui soûtiennent que nous sommes justifiez par la foi, par cette raison, qu'aprés que nous sommes régénérez nous sommes justes, en vivant spirituellement, n'ont jamais goûté la douceur de la grace, & ne sçauroient être véritablement persuadez que Dieu leur

Pseau. 23. 4.

leur soit un jour propice. D'où il s'ensuit qu'ils sçavent aussi peu que les Mahometans & les autres peuples Infidelles qu'elle est la maniére de bien prier. Car selon le témoignage de S. Paul, il n'y a point de véritable foi que celle qui nous dicte, & qui nous suggére ce doux nom de Pere, & qui nous ouvre la bouche pour nous faire crier sans crainte, *Abba, Pere.* C'est ce que cet Apôtre exprime ailleurs plus clairement, lors qu'il dit; que par Jesus Christ, *nous avons hardiesse & accés en confiance, par la foi que nous avons en lui.*

Rom. 8. 15.

Ephes. 3. 12.

lui. Or cela ne peut provenir du don de la régénération, lequel étant imparfait tandis que nous vivons en la chair, ne peut que contenir en soi la matiére de beaucoup de doutes. Il faut donc nécessairement que les fidelles ayent recours à ce reméde, sçavoir, que le seul droit qu'ils ont d'espérer l'héritage du Royaume céleste, est qu'étant entez au Corps de Jesus Christ ils sont gratuitement réputez justes. Car par rapport à la Justification, la foi est une chose purement passive. Elle n'apporte rien du nôtre pour nous

nous attirer la grace de Dieu. Elle ne fait que recevoir de Jesus Christ ce qui nous manque.

CHAPITRE IV.

Quel est le commencement de la Iustification; & ses progrés continuels.

Pour donner plus de jour à cette matiére, il faut que nous examinions qu'elle peut être la justice de l'homme, pendant tout le cours de sa vie : & pour cet effet nous devons considérer les hommes sous qua-

quatre genres différens. Il y en a qui étant privez entiérement de la connoissance de Dieu, sont ensévelis dans l'Idolatrie. Il y en a qui ayant été initiez par les Sacremens dans la Religion Chrêtienne renoncent, par l'impureté de leur vie & par leurs actions, le Dieu qu'ils confessent de bouche, & ne sont Chrêtiens que de nom. Il y en a qui étant hypocrites cachent leur méchanceté sous des apparences trompeuses. Enfin, il y en a qui étant régénérez par l'Esprit de Dieu, s'étudient à la véritable sainteté.

Quant au premier genre d'hommes, comme ils doivent être considérez en l'état de la nature, il est certain que depuis la plante du pied jusqu'au sommet de la tête on ne trouvera en eux aucune étincelle de bien : à moins qu'on ne veüille accuser de fausseté l'Ecriture, qui dit en parlant de tous les enfans d'Adam, sans en excepter aucun; *que leur cœur est cauteleux & desespérément malin par dessus toutes choses ; que l'imagination du cœur des hommes est mauvaise dès leur jeunesse ; que leurs pensées ne sont que vanité ; qu'il n'y*

Jeremie 17. 9.
Genese 8. 21.
Pseau. 94. 11.
36. 2.
14. 2.
Genes. 6. 5. 3.

Justification.

n'y a point de crainte de Dieu devant leurs yeux ; qu'il n'y en a aucun qui ait intelligence & qui cherche Dieu ; que toute l'imagination des pensées de leur cœur n'est autre chose que mal en tout temps ; en un mot, *qu'ils ne sont que chair :* par lequel mot sont entendües toutes les œuvres dont S. Paul fait l'énumération, sçavoir ; *l'adultére, la paillardise, la soüilleure, l'insolence, l'Idolatrie, l'empoisonnement, les innimitiez, les querelles, les dépits, les coléres, les dissentions, les divisions, les hérésies, les envies, les meurtres, les yvrogneries,*

Galat. 5. 19.

les

les gourmandises, & tout ce qui se peut imaginer de turpitude & d'abomination. Voilà quelle est la dignité sur la confiance de laquelle tels hommes peuvent s'enorgueillir. Que s'il s'en trouve quelques-uns, qui par l'honnêteté de leurs mœurs puissent passer dans l'esprit des autres hommes pour être doüez de quelque sainteté ; cependant, comme nous sçavons que Dieu ne s'arrête point à la splendeur extérieure, il faut que nous pénétrions jusqu'à la source d'où ces œuvres procédent, si nous voulons sçavoir si elles sont

sont capables de les justifier. Il faut, dis-je, que nous examinions jusqu'au fond, par quel sentiment du cœur elles sont produites. La matiére est vaste, & je pourrois ici m'étendre beaucoup. Toutefois, comme je la puis traiter en peu de paroles, je ne m'étendrai qu'autant qu'il sera nécessaire.

II. En premier lieu, je ne nie point que les qualitez excellentes qu'on voit paroître dans les Infidelles ne soient des dons de Dieu. Je ne suis pas si ennemi du sens commun, pour soûtenir, qu'il n'y ait aucune différence entre la justice, la modération, & l'équité de Titus & de Trajan, & la rage, l'intempérance & la cruauté de Neron, de Caligula, ou de Domitien; entre les sales convoitises de Tibere & la continence de Vespasien, à cet égard; & pour ne nous arrêter pas à chaque vertu, & à chaque vice en particulier; qu'il n'y en ait, entre l'observation du droit & des Loix, & le mépris qu'on en fait. Car il y a une si grande opposition entre ce qui est juste & ce qui ne l'est pas, que cette opposition se fait reconnoître dans cette image

mor-

morte. En effet, quel ordre resteroit-il dans le monde si ces choses étoient confonduës les unes avec les autres ? C'est pourquoi le Seigneur ne s'est pas contenté d'avoir imprimé dans le cœur de chacun cette distinction qu'on doit faire entre les actions honnêtes & celles qui sont honteuses, mais il la confirme même souvent par la dispensation de sa providence. Car nous voyons qu'il comble de plusieurs bénédictions temporelles ceux qui chérissent la vertu parmi les hommes. Non que cette ombre de vertu

vertu mérite le moindre de ses bienfaits : mais c'est que par là il veut faire voir combien il approuve la véritable vertu, & combien il l'aime, puis qu'il ne sçauroit laisser sans quelque récompense temporelle celle qui n'est que fausse & extérieure. D'où il s'ensuit, comme nous l'avons déja confessé, que ces vertus quelles qu'elles soient, ou plûtôt ces simulacres de vertus sont des dons de Dieu, n'y ayant rien de loüable en aucune maniére qui ne procéde de lui.

III. Cependant, ce que S. Augustin a écrit ne laisse pas d'ê-

Livre 4. contre Julien.

d'être véritable, sçavoir, que tous ceux qui sont éloignez de la Religion d'un seul Dieu sont dignes de punition, bien loin de mériter quelque récompense, quelle que puisse être l'admiration qu'on a conçûë d'eux, à cause de la réputation de leur vertu: parce que par l'impureté de leur cœur, ils soüillent les biens de Dieu qui sont purs. Car bien qu'ils soient les instrumens dont Dieu se sert pour conserver la société des hommes dans la pratique de la justice, de la continence, de l'amitié, de la tempérance, de la générosité, & de la pru-

prudence, toutefois ils executent trés-mal ces bonnes œuvres que Dieu inspire. En effet, s'ils se retiennent de mal faire, ce n'est pas par une affection sincére qu'ils ayent pour le bien; c'est par pure ambition, par amour propre, ou par quelque autre sentiment oblique. Puis donc que leurs œuvres sont corrompuës, de leur nature, à cause de l'impureté de leur cœur, elles méritent aussi peu d'être mises au nombre des vertus, que les vices, qui pour quelque rapport & ressemblance qu'ils ont avec les vertus ont accoûtumé d'impoposer aux hommes. En un mot, nous nous devons ressouvenir que la fin perpétuelle de la droiture est que Dieu soit servi, & que tout ce qui se fait dans une autre vûë perd à bon droit le nom de droiture. Comme donc ils ne regardent point au but que la Sagesse de Dieu a prescrit, leurs œuvres quelque bonnes qu'elles paroissent, & quelque conformes même qu'elles soient à leurs obligations, ne laissent pas d'être des péchez, à cause de la fin mauvaise qu'ils se proposent. S. Augustin conclut donc que les Fabrices, les Sci-

Scipions, & les Catons ont commis des péchez dans leurs actions les plus belles & les plus illustres, parce qu'étant privez de la lumiére de la foi, ils ne les ont pas rapportées à la fin à laquelle elles devoient être rapportées, & qu'ainsi elles n'ont pas été en eux une véritable justice, parce que nôtre devoir ne doit pas être examiné par nos actions, mais par la fin que nous nous devons proposer en les faisant.

IV. D'ailleurs, si ce que S. Jean dit est véritable, sçavoir, *que celui qui n'a point le Fils de Dieu n'a point la vie,*

1. Jean 5. 12.

Iustification. 239

vie, il s'enfuit que ceux qui ne sont point participans de Jesus Christ, quels qu'ils soient, quoi qu'ils fassent, & quoi qu'ils s'efforcent de faire pendant tout le cours de leur vie, courent à leur malheur & à leur jugement, qui est la mort éternelle. C'est pour cette raison que S. Augustin s'exprime encore de cette maniére : *Nôtre Religion ne discerne point les justes, d'avec les injustes par la loi des œuvres, mais par la loi de la foi, sans laquelle les œuvres qui semblent bonnes sont converties en péchez.* C'est pourquoi il compare ailleurs

<small>Livre 3. à Boniface Ch. 5.</small>

avec

avec beaucoup de justesse, les affections de ces sortes d'hommes à une course où l'on s'est égaré. En effet, plus un homme court avec vitesse hors du bon chemin, plus il s'éloigne du lieu où il doit aller, & plus sa condition devient misérable. Il conclut donc qu'il vaut mieux clocher dans le bon chemin, que de courir hors de la carriére. Enfin, il est constant que ce sont de mauvais arbres, puisque sans la communication de Jesus Christ il n'y a nulle sanctification. Ils peuvent donc produire des fruits qui soient beaux, agréables à la vûë,

vûë, & même délectables au goût, mais ils n'en peuvent nullement produire qui soient bons. D'où nous pouvons voir aisément, que tout ce que l'homme pense, que tout ce qu'il médite, que tout ce qu'il fait, avant qu'il soit réconcilié à Dieu, est maudit, & que bien loin d'être d'aucun prix, par rapport à la justice, il mérite une condamnation inévitable. Mais pourquoi disputer de ceci, comme si c'étoit une chose douteuse, puis qu'il a été déja prouvé par le témoignage de l'Apôtre ; *qu'il est impossible d'être agréable à Dieu sans la foi.* Q V.

Heb. 11 6.

V. Mais cette preuve sera éclaircie d'une maniére encore plus évidente, si nous opposons la grace de Dieu à la condition naturelle de l'homme. L'Ecriture déclare hautement par tout qu'il ne trouve rien en l'homme qui l'incite à lui faire du bien, & qu'au contraire il le prévient par sa bénignité gratuite. En effet, qu'est-ce que peut un mort, à l'égard de la vie? Or quand Dieu illumine l'homme, en l'éclairant de sa connoissance, elle dit, qu'il le ressuscite des morts & qu'il le fait une créature nouvellle. C'est sous ce titre que

Jean 5. 25. & ailleurs.

que sa bénignité se trouve si souvent exaltée & principalement par S. Paul. *Mais Dieu, dit ce S. Apôtre, qui est riche en miséricorde, par la grande charité dont il nous a aimez, du temps même que nous étions morts en nos fautes, nous a vivifiez ensemble avec Christ, par la grace duquel vous êtes sauvez, & nous a ressuscitez ensemble.* Et dans un autre endroit traitant de la vocation générale des fidelles sous le type d'Abraham, il dit, *que c'est Dieu, qui fait revivre les morts, & qui appelle les choses qui ne sont point*

Ephes. 2. 4. 5. 6.

Rom. 4. 17.

Traité de la point, comme si elles étoient. Si nous ne sommes rien, que pouvons-nous, je vous prie? C'est pourquoi dans l'Histoire de Job Dieu se sert de termes extrêmement forts pour réprimer cette arrogance ; *Qui est celui*, dit-il, *qui m'a prévenu, & je le lui rendrai? Ce qui est sous tous les Cieux est à moi.* Paroles que S. Paul explique, pour nous desabuser de la pensée que nous puissions apporter à Dieu autre chose que l'ignominie de nôtre indigence & de la privation où nous sommes de toutes choses. C'est pourquoi dans le lieu que

Job 41. 2.

Rom. 11. 35.

que nous venons de citer, pour prouver que nous sommes parvenus à l'espérance du salut par la seule grace de Dieu, & non par les œuvres, il ajoûte, que *nous sommes son ouvrage, étant créez en Jesus Christ à bonnes œuvres, afin que nous cheminions en elles*. Comme s'il disoit; qui sera celui d'entre nous qui se vantera d'avoir provoqué Dieu par sa justice, puis que le principe de la puissance que nous avons à faire le bien procéde de la régénération? Car de la maniére dont nous sommes constituez, de nôtre nature, on ti-

Ephes. 2. 10.

reroit plûtôt de l'huile, d'une pierre, que de nous aucune bonne œuvre. Aprés cela, quel prodige, si l'homme dans un tel état d'ignominie avoit encore la hardiesse de s'attribuer quelque chose. Confessons donc avec S.

2. Tim.
1. 9.
Paul ; que *nous sommes appellez par une sainte vocation, non point selon nos œuvres, mais selon le decret, & la grace qui nous a été donnée en Iesus Christ, avant*

Tite 3.
4. 5. 7.
les temps éternels. Et que quand la bonté & l'amour de Dieu nôtre Sauveur envers les hommes ont paru clairement, il nous a sauvez,

non

Justification.

non par des œuvres de justice que nous eussions faites, mais selon sa miséricorde : afin qu'ayant été justifiez par sa grace, nous soyons héritiers de la vie éternelle. Par cette confession nous dépoüillons entiérement l'homme de toute justice, pendant tout le temps qu'il n'est point régénéré en espérance de vie éternelle, par la seule miséricorde. En effet, si la justice de nos œuvres peut contribuer en quelque chose à nous justifier, qui ne voit qu'il est faux de dire que nous sommes justifiez par la grace ? Certes l'Al'Apôtre n'avoit pas si peu de mémoire pour ne se pas souvenir qu'il avoit assuré que la Justification étoit gratuite, lui qui tire cette conséquence dans un autre endroit, *que la grace n'est plus grace*, si les œuvres sont de quelque valeur. Et qu'est-ce que veut signifier le Seigneur autre chose, lors qu'il dit; *qu'il n'est pas venu appeller les justes a repentance, mais les pécheurs?* S'il n'y a donc que les seuls pécheurs qui soient admis, pourquoi prétendrions-nous de l'être par nos justices qui ne sont que pure hypocrisie?

Rom. 11. 6.

Matth. 9. 13.

VI.

VI. Je crains cependant, & c'est même une pensée qui me revient souvent dans l'esprit, que ce ne soit faire injure à la miséricorde de Dieu de m'appliquer avec tant de soin à la défendre, comme si c'étoit une chose douteuse & sur laquelle on n'eût aucunes lumiéres. Mais parce que nôtre malignité est si grande, que jamais elle n'accorde à Dieu ce qui lui appartient qu'elle ne soit vigoureusement repoussée, je me vois contraint d'y insister un peu plus long temps. Et comme l'Ecriture est assez claire sur cette matiére, je me servirai de de ses paroles plûtôt que des miennes dans ce combat. Esaïe, aprés avoir décrit la ruïne entière du genre humain, ajoûte trés-bien dans la suite l'ordre de son rétablissement. *L'Eternel, dit-il, a vû cela, & il lui a déplû, parce qu'il n'y a point de droiture. Il a vû aussi qu'il n'y avoit point d'homme, & il s'est étonné que personne ne se mettoit entre deux: partant son bras l'a delivré & sa propre justice l'a soûtenu.* Où sont donc nos justices, si ce que dit le Prophete est véritable, qu'il n'y a pas un seul homme qui seconde Dieu,

Esaïe 59. 15. 16.

Dieu, pour le recouvrement du salut? Un autre Prophete representant le Seigneur formant le dessein de réconcilier les pécheurs à soi, l'introduit parlant de cette maniére ; *Je t'épouserai pour moi à toûjours : même je t'épouserai pour moi en justice & en jugement, en gratuité & en compassions. Et je dirai à celui qui n'avoit point obtenu miséricorde qu'il l'aura obtenuë.* Si une telle alliance, qui certainement est la premiére union que nous avons avec Dieu, est appuyée sur sa miséricorde, il ne reste aucun fondement à nô-

Osée 2
19. 23.

tre justice. En effet, je voudrois bien sçavoir de ceux qui s'imaginent que l'homme peut prévenir Dieu par quelque justice qui procéde de ses œuvres, s'ils croyent qu'il y puisse avoir absolument d'autre justice, que celle qui lui est agréable. Or si c'est une extravagance d'avoir une telle pensée, qu'y a-t-il qui puisse procéder, des ennemis de Dieu qui lui puisse plaire, puis qu'il est certain qu'il les a tous en abomination, avec toutes leurs œuvres ? La vérité rend témoignage que nous sommes ennemis de Dieu & ses ennemis

Rom.
5. 10.
Coloss.
1. 21.

Justification.

mis déclarez, jusqu'à-ce que nous soyons réconciliez avec lui par le moyen de la Justification. Si donc la Justification est le principe de l'amour que Dieu a pour nous, quelles seront les justices des œuvres qui pourront précéder cet amour ? C'est pour cette raison que S. Jean, pour nous détourner de cette pernicieuse arrogance, prend soin de nous avertir ; *que nous n'avons pas aimé Dieu les premiers.* Et c'est ce que le Seigneur nous avoit enseigné long temps auparavant par l'un de ses Prophetes ; *Ie guérirai,* dit-il, *leur rebellion,* &

1. Jean 4. 10.

Oféę 14. 4.

& je les aimerai de franche volonté, car ma colére est détournée arriére d'eux. Puis donc que ce qui porte Dieu à nous témoigner son amour est l'effet de sa volonté, il n'a nullement égard à ce qui peut procéder de nous. Le peuple grossier s'imagine qu'on ne doit entendre ici autre chose, sinon qu'aucun homme n'avoit mérité que Jesus Christ opérât nôtre Rédemption, mais que pour entrer dans la possession de ce bien, nous sommes aidez par nos œuvres. Cependant il est vrai de dire, que de quelque maniére que Jesus Christ

Christ nous ait rachetez, nous ne laissons pas d'être enfans de ténèbres, héritiers de la mort, & ennemis de Dieu, jusqu'à-ce que par la vocation du Pere nous sommes incorporez à Jesus Christ & entrez en sa communion. En effet, si S. Paul dit, que nous sommes purgez & nettoyez de nos souillures, il ajoûte en même temps, que c'est le S. Esprit qui a fait en nous cette purgation. Et S. Pierre voulant dire la même chose, déclare, *que la sanctification de l'Esprit nous profite pour l'obéyssance, & pour l'aspersion du sang*

1. Cor. 6. 11.

1. Pier. 2.

sang de Iesus Christ. Or puis que c'est une chose véritable, que nous sommes arrosez du sang de Jesus Christ par l'Esprit, pour être purifiez, ne nous imaginons pas d'être autres, avant cette aspersion, que ce qu'est un pécheur qui n'a point Christ. Que cela donc demeure constant, que le commencement de nôtre salut est comme une résurrection: car du moment *qu'il nous a été donné pour Christ de croire en lui*, nous commençons de passer, de la mort à la vie.

<small>Philip. 1. 29.</small>

VII. Sous ce rang doivent être compris le second

& troisiéme genre d'hommes que nous avons distinguez dans la division que nous en avons faite : car l'impureté de la conscience qui se trouve aussi bien dans les uns que dans les autres, est une preuve trés-évidente, qu'ils ne sont pas encore régénérez par l'Esprit de Dieu. Et ce qu'ils ne sont nullement régénérez marque manifestement qu'ils n'ont point la foi. D'où il paroît qu'ils ne sont encore, ni réconciliez à Dieu, ni justifiez devant lui, puis que ce n'est que par le moyen de la foi qu'on peut parvenir à la possession de ces biens. En effet, que peuvent faire les pécheurs, qui sont séparez de Dieu, qui ne soit execrable devant son jugement? Il est bien vrai que tous les impies, & particuliérement les hypocrites sont enflez de cette folle confiance, qui est, qu'encore qu'ils connoissent que leur cœur est tout rempli d'impureté & de soüillure, ils ne laissent pas de s'imaginer, lors qu'ils font quelques bonnes œuvres en apparence, que ces bonnes œuvres sont dignes que Dieu ne les méprise point. De là vient cette erreur pernicieuse, que ceux

ceux qui sont convaincus d'avoir le cœur méchant & inique ne peuvent être portez cependant à confesser qu'ils sont dénuez de justice, & que quoi qu'ils se reconnoissent injustes, parce qu'ils ne le sçauroient desavoüer, ils ne laissent pas toutefois de se croire justes, en quelque maniére. Dieu réfute cette vanité en termes trés-forts par le Prophete Aggée. *Demande*, dit-il, *maintenant touchant la loi aux Sacrificateurs, disant ; Si quelqu'un porte de la chair sanctifiée au pan de son vêtement & qu'il touche, du pan de son vê-*

Aggée 2. 11. 12. 13. 14.

vêtement à du pain, ou à quelqu'autre chose cuite, ou à du vin, ou à de l'huile, ou à quelqu'autre viande que ce soit, cela en sera-t-il sanctifié? Et les Sacrificateurs répondirent & dirent non. Alors Aggée dit ; Si celui qui est souïllé pour un mort touche toutes ces choses-là, ne seront-elles pas souïllées ? Et les Sacrificateurs répondirent, & dirent, elles seront souïllées. Alors Aggée répondit & dit ; Ainsi est ce peuple-ci & cette nation-ci devant ma face, dit l'Eternel, & ainsi est toute l'œuvre de leurs mains : même ce qu'ils

qu'ils offrent ici est pollu. Pleût à Dieu que ces paroles trouvassent une entiére créance dans nos esprits, ou qu'elles fussent gravées profondement dans nôtre mémoire. Car il n'y a point d'homme quelque corrompu qu'il soit en toute sa vie, qui se puisse bien persuader ce que le Seigneur déclare ici, d'une maniére si évidente. Du moment que le plus méchant même s'est aquité de quelque devoir de la loi, il ne met nullement en doute que cela ne lui soit imputé à justice. Cependant le Seigneur proteste, qu'on n'a-
quiert

quiert par là aucune sanctification, que le cœur ne soit auparavant purifié : & non content de cela, il assure que toutes les œuvres que font les pécheurs sont souillées par l'impureté de leur cœur. Gardons-nous donc de donner le nom de justice aux œuvres qui sont déclarées impures par la bouche du Seigneur lui-même. Et certes la comparaison qu'il employe pour démontrer cela est merveilleuse : car on pouvoit objecter que ce que Dieu avoit commandé étoit inviolablement saint. Mais à cela il oppose au contraire, que

que ce n'est pas une chose surprenante, que les œuvres qui ont été sanctifiées en la Loi du Seigneur deviennent soüillées par l'impureté des méchans, puis que ce que touche une main impure ne peut que rendre impur ce qui est saint.

VIII. C'est une matiére qu'il pousse encore trés-bien, dans Esaïe. *Ne continuez plus, dit-il, de m'apporter des oblations de néant: le parfum m'est abomination. Quant aux nouvelles Lunes & aux Sabbats & à la publication de vos convocations, je n'en puis plus sup-* {Esaïe 1. 13. 14. 15. 16.}

porter l'ennui, ni de vos assemblées solemnelles. Mon ame hait vos nouvelles Lunes & vos fêtes solemnelles: elles me sont facheuses; je suis las de les porter. C'est pourquoi quand vous étendrez vos mains, je cacherai mes yeux arriére de vous: même quand vous multiplierez vos requêtes, je ne les exaucerai point: vos mains sont pleines de sang. Lavez-vous; nettoyez-vous; ôtez de devant mes yeux la malice de vos actions. Que signifie cela, que le Seigneur témoigne tant de dégoût pour l'observation de sa Loi? Certes il ne
re-

rejette rien ici qui concerne ce qu'il y a de pur dans l'obſervation de la Loi, dont le commencement eſt, comme il l'enſeigne par tout, la crainte ſincére de ſon nom. Cette crainte ôtée, toutes les choſes qui lui ſont offertes ſont non ſeulement des choſes de néant, mais des ordures puantes & abominables. Aprés cela que les hypocrites faſſent leurs efforts pour ſe rendre agréables à Dieu par leurs œuvres, tandis qu'ils perſévérent dans la méchanceté dont eſt enveloppé leur cœur; ils ne feront par là que l'irriter de plus en plus. Car

le

Prover. 15. 8. *le sacrifice des méchans est abomination à l'Eternel*, au lieu que *la requête des droituriers lui est agréable.* C'est donc une chose qu'on doit regarder comme incontestable, & sur laquelle ceux qui sont tant soit peu versez dans la connoissance de l'Ecriture ne peuvent former aucun doute, que les œuvres qui procédent des hommes qui ne sont pas encore véritablement sanctifiez, quelque belle apparence qu'elles ayent, ne peuvent être considérées que comme des péchez, bien loin que Dieu les impute à justice. Ainsi ceux qui ont en-

enseigné, que ce ne sont pas les œuvres qui obtiennent à l'homme la grace de Dieu, mais qu'au contraire les œuvres ne sont agréables à Dieu, qu'aprés que l'homme a trouvé grace devant lui, ont enseigné une chose trés-véritable. Et certes il y a un ordre auquel l'Ecriture nous conduit comme par la main, lequel nous devons exactement observer. Moïse écrit, que *l'Eternel eut égard à Abel & à son oblation*. Et qui ne voit, que Moïse veut désigner, que Dieu se démontre propice aux hommes, avant que de regarder à leurs

S. Augustin dans le Livre de la Penitence, & Gregoire, dont les paroles sont rapportées dans la Question 3. Ch. 7.

Genese 4. 4.

leurs œuvres? Il est donc nécessaire que la purification du cœur précéde les œuvres, si nous voulons que celles qui procédent de nous soient acceptées de Dieu & reçûës favorablement: car enfin, ces paroles de Jeremie demeurent toûjours fermes : *que les yeux de Dieu regardent à la loyauté*. Et d'ailleurs le S. Esprit a assuré par la bouche de S. Pierre, que c'est par la seule *foi que nos cœurs sont purifiez*. D'où il s'ensuit que c'est sur une foi véritable & vive que le premier fondement de nôtre justice doit être posé.

Jerem. 5. 3.

Act. 15. 9.

IX.

IX. Voyons maintenant ce qu'ont de justice ceux que nous avons mis au quatriéme rang. Nous confessons, que lors que Dieu nous réconcilie à soi par l'intercession de la justice de Jesus Christ, & qu'il nous répute justes, aprés nous avoir accordé gratuitement la rémission de nos péchez; nous confessons, *dis-je*, que cette miséricorde est accompagnée d'un autre bienfait, c'est que Dieu habite en nous par son S. Esprit, par la vertu duquel les convoitises de nôtre chair sont mortifiées tous les jours, de plus en plus.

plus. Alors nous sommes sanctifiez, c'est à dire, consacrez à Dieu, pour mener une vie toute pure, car dés ce moment-là, nos cœurs sont formez pour obéïr à la Loi. Alors nôtre principale volonté est de nous conformer uniquement à la volonté de Dieu, & d'avancer sa gloire en toutes maniéres. Cependant, dans le temps que nous cheminons en la voye du Seigneur par la conduite du S. Esprit; de peur que nous ne venions à nous oublier, en nous élevant, il demeure en nous des restes d'imperfection, qui sont autant de raisons

sons qui prouvent que nous devons nous humilier. *Il n'y a point d'homme juste en la terre*, dit l'Ecriture, *qui fasse bien & qui ne péche point.* Quelle est donc la justice que les fidelles peuvent obtenir par leurs œuvres ? Je dis premiérement, que la meilleure action qu'ils peuvent faire est toûjours soüillée par quelque impureté de leur chair qui s'y trouve répanduë, & que c'est comme un mêlange de pureté & de corruption. Qu'un fidelle serviteur de Dieu choisisse, entre les bonnes œuvres qu'il aura faites pendant tout

le

Ecclesiaste. 7. 20.

le cours de sa vie, celle qu'il croira la plus excellente, il trouvera sans doute que par quelque endroit elle sentira la corruption de sa chair, parce qu'enfin nous n'avons pas cette ardeur à bien faire que nous dévrions avoir, & qu'il y a en nous beaucoup de foiblesse, ce qui nous retarde dans nôtre course. Les soüillures qui sont répanduës sur les œuvres des Saints ne sont pas des choses qui soient cachées ; il n'y a personne qui ne les apperçoive. Mais posons le cas que ce ne soient que de légéres taches, est-ce néanmoins qu'elles n'offenseront

seront pas les yeux de Dieu, devant lesquels les Etoiles mêmes ne sont point pures ? C'est donc une chose constante, que les Saints ne font aucune œuvre qui ne mérite justement d'être couverte d'opprobre, si on la considére en elle-même.

X. De plus, s'il se pouvoit faire, que quelques-unes de nos œuvres fussent entiérement pures & parfaites; il ne faut qu'un seul péché pour effacer & pour éteindre la mémoire de nôtre premiére justice, comme le dit le Prophete Ezechiel, avec lequel s'accorde S. Jaques, qui assure;

re; *que celui qui vient à manquer en un seul point de la Loi, est coupable de tous.* Or comme cette vie mortelle n'est jamais pure, ou vuide de péché, tout ce que nous aurions aquis de justice seroit corrompu, étouffé, & perdu par les péchez que nous commettons à tous momens dans la suite. Dieu par conséquent n'y auroit point d'égard, & il ne nous seroit point imputé à justice. Enfin, lors qu'il s'agit de la justice des œuvres, il ne faut pas regarder les œuvres, mais le commandement de la Loi. Ainsi si nous cherchons la ju-

Ezech. 18. 24.
Jaques 2. 10.

justice par la Loi, ce sera en vain que nous produirons une œuvre, ou deux; l'observation de la Loi doit être constante & perpétuelle. Ce n'est pas donc pour une seule fois que Dieu nous impute cette rémission de péchez, dont nous avons parlé, comme quelques-uns se l'imaginent ridiculement : en sorte qu'ayant obtenu le pardon de nôtre vie passée, il faille chercher dans la suite nôtre justice en la Loi, car si cela étoit, Dieu se moqueroit & se jouëroit de nous, en nous flattant d'une fausse espérance. Car comme c'est
une

une chose certaine que nous ne pouvons parvenir à aucune perfection, tandis que nous sommes revêtus de nôtre chair, & que d'ailleurs, la Loi prononce jugement & mort contre ceux qui n'auront pas accompli toute justice, par leurs œuvres; la loi auroit toûjours de quoi nous accuser & nous convaincre, si la miséricorde de Dieu n'intervenoit & ne nous absolvoit par une rémission continuelle de nos péchez. Donc, ce que nous avons dit au commencement demeure toûjours ferme, c'est que si nous sommes estimez,

par

par rapport à nôtre dignité, quelque chose que nous nous efforcions de faire & que nous entreprenions, nous serons néanmoins dignes de mort & de destruction, avec tous nos efforts & toutes nos entreprises.

XI. Il y a deux choses sur lesquelles il faut que nous insistions fortement. La premiére est, qu'il ne s'est jamais trouvé d'homme, quelque pieux qu'il ait été, dont les œuvres n'eussent été dignes de damnation, si elles eussent été examinées selon la rigueur du jugement de Dieu : & la seconde, que quand il s'en trouveroit, ce qui est une chose impossible, les œuvres d'un tel homme ne pourroient que perdre tout leur prix, à cause des péchez, dont il est certain qu'il est souillé, & c'est ici le principal point de nôtre dispute. Car pour ce qui regarde le commencement de la Justification, nous n'avons nulle contestation avec les Scolastiques qui ont quelque raison & quelque équité. Ils demeurent d'accord avec nous, que le pécheur étant delivré gratuitement de la condamnation est justifié, & que cela se fait par la ré-

rémission des péchez. La différence qu'il y a, c'est que sous le mot de Justification ils comprennent le renouvellement, par lequel l'Esprit de Dieu nous réforme pour obéïr à la Loi. Car voici de quelle maniére ils définissent la justice d'un homme véritablement régénéré ; ils disent que quand une fois l'homme est réconcilié avec Dieu par la foi en Jesus Christ, Dieu le répute juste à cause de ses œuvres & en considération de leur mérite. Cependant le Seigneur prononce au contraire, *qu'il a imputé à Abraham la foi à* Rom. 4. 3.

justice, non pas dans le temps qu'il servoit encore les Idoles, mais long temps aprés qu'il se fut distingué, par la sainteté de sa vie. Abraham donc avoit servi Dieu pendant long temps d'un cœur pur, & avoit obéï à sa Loi, autant qu'un homme mortel le peut faire; ce n'est toutefois qu'à sa foi que sa justice est attribuée. D'où nous concluons, selon le raisonnement de S. Paul, que ce n'est pas par les œuvres que nous sommes justifiez. Semblablement quand il est dit par le Prophete Habacuc,

Habac. 2. 4. *que le juste vivra de foi*, il ne s'as'agit pas des impies & des profanes que Dieu justifie en les convertissant à la foi, mais ce discours s'adresse aux fidelles, ausquels la vie est promise, pourvû qu'ils croyent. Et S. Paul leve entiérement toutes les difficultez qui pourroient rester dans l'esprit, lors que pour confirmer ce qu'il vient de dire, il allégue ces paroles de David; *O que bien-heureux est celui duquel la transgression est quittée.* Car il est certain que David ne parloit pas des impies, mais des fidelles, tel qu'il étoit lui-même : en effet, on voit bien qu'il parle,

Pseau. 32. 1.

com-

comme un homme qui est touché par le sentiment de sa conscience. Or il ne suffit pas que nous soyons bienheureux pour quelque tems, il faut que nous le soyons pendant tout le cours de nôtre vie. Car enfin, le ministére de réconciliation dont S. Paul parle, qui nous testifie que nous sommes récon-

2. Cor. 5. 18. 19.

ciliez avec Dieu gratuitement, ne nous est pas annoncé pour un jour, ou deux, mais il est perpétuel dans l'Eglise. C'est pourquoi les fidelles n'ont d'autre justice jusqu'à leur mort, que celle qui est ici décrite. Car Jesus Christ

Christ demeure perpétuellement Médiateur, pour nous réconcilier avec le Père, & l'efficace de sa mort est aussi perpétuelle, sçavoir, l'ablution, par laquelle nous sommes nettoyez de nos souillures, sa satisfaction, l'expiation de nos péchez, & son obéissance parfaite, par laquelle toutes nos iniquitez sont cachées. Et que cela ne soit, S. Paul dans son Epître aux Ephesiens ne dit pas que nous obtenions le commencement de nôtre salut par la grace, mais il dit, *que nous sommes sauvez par la grace, & non point par les*

Ephes. 2. 8. 9.

les œuvres, afin que personne ne se glorifie.

XII. Les subterfuges que cherchent ici les Scolastiques pour se sauver ne les tirent pas d'embarras. Ils disent, que si nos œuvres ont quelque valeur, que si elles peuvent nous aquerir la justice, cela ne vient pas de leur dignité propre, ou intrinseque, comme ils l'appellent; que cela ne suffiroit pas: mais que cela vient, de la grace de Dieu qui les accepte. Ensuite, parce qu'ils sont contraints d'avoüer que la justice des œuvres est toûjours ici imparfaite, ils demeurent bien

bien d'accord avec nous, que pendant que nous vivons, nous avons toûjours besoin de la rémission des péchez, afin que cette rémission supplée aux defauts de nos œuvres : mais ils veulent que les manquemens qui se commettent soient compensez par les œuvres de surérogation. Je répons à cela que la grace qu'ils appellent *acceptante* n'est autre chose que la bonté gratuite du Pere par laquelle il nous reçoit en Jesus Christ, lors qu'il nous revêt de son innocence & qu'il nous la presente acceptée, afin que par le bénéfice

fice de cette innocence il nous tienne pour faints, pour purs, & pour innocens. Car il faut que la justice de Jesus Christ se présente pour nous, & qu'elle s'offre pour être comme nôtre caution, lors que nous comparoîtrons en jugement, parce qu'étant la seule qui est parfaite, il n'y a qu'elle seule qui puisse soûtenir la présence de Dieu. En étant donc revêtus nous obtenons une continuelle rémission de nos péchez, en croyant: & comme nos taches & les soüilleures de nos imperfections sont cachées par la pureté de cette justice;

ce ; bien loin qu'elles nous soient imputées, elles sont comme ensévelies, afin qu'elles ne viennent en jugement devant Dieu, jusqu'à-ce que l'heure vienne, que le vieil homme étant entiérement détruit & éteint en nous, la bonté Divine nous reçoive avec le nouvel Adam en une paix heureuse, où nous attendions le jour du Seigneur, auquel ayant repris nos corps incorruptibles, nous serons transportez dans la gloire du Royaume céleste.

XIII. Si ces choses sont véritables, il n'y a certainement aucunes de nos œuvres qui

qui puissent, d'elles-mêmes, nous obtenir la faveur de Dieu: & si elles lui sont agréables elles ne le sont qu'entant que l'homme lui plaît, parce qu'il est revêtu de la justice de Jesus Christ, & qu'il obtient la rémission de ses fautes. Car Dieu n'a point promis à certaines œuvres la récompense de la vie: il déclare simplement, *que si l'homme accomplit ses ordonnances il vivra par elles*, opposant en même temps une malédiction terrible contre ceux qui ne les auront pas accomplies avec la derniére exactitude. Par lesquelles paroles est suf-

Levitiq. 18. 5.

fisamment réfutée l'imagination qu'on s'est forgée d'une justice qui ne justifie qu'en partie, puisque Dieu n'admet dans le Ciel d'autre justice que l'entiére observation de la Loi. Ce qu'ils ont accoûtumé de dire des œuvres de surérogation qu'ils croyent pouvoir suffire pour compenser les defauts de leurs œuvres n'est pas plus solide. Car quoi? Ne reviennent-ils pas toûjours là, dont ils sont déja exclus, que celui qui ne garde la Loi qu'en partie, n'est juste par ses œuvres qu'en partie? Ils prennent pour une chose avoüée

voüée de tout le monde ce qu'aucun homme ne leur accorderoit jamais, en quoi paroît leur impudence. Combien de fois le Seigneur ne témoigne-t-il point qu'il ne reconoît d'autre justice d'œuvres que celle qui consiste en la parfaite observation de sa Loi? Or puis qu'il est impossible que nous l'observions parfaitement, quelle malice n'est-ce point de nous glorifier, de je ne sçai quelles parcelles d'un petit nombre de bonnes œuvres, & de nous efforcer de racheter ce qui nous manque, par d'autres satisfactions, dans la vûë de ne paroître pas dépoüillez de

Justification. 291

toute gloire, ou plûtôt pour ne vouloir pas céder entiérement à Dieu? J'ai renversé ailleurs si puissamment les satisfactions, qu'elles ne devroient plus monter dans nôtre esprit, non pas même en songe. Je dis seulement que ceux qui soûtiennent de telles impertinences ne considérent nullement combien le péché est une chose execrable devant Dieu: car certainement ils demeurèroient convaincus que toute la justice des hommes mise ensemble ne suffiroit pas pour la compensation d'un seul crime. En effet, nous vo- Genese 3. 17.

T 2 yons

yons que l'homme pour avoir commis une seule faute a été tellement rejetté & desavoüé de Dieu, que dés ce moment il a perdu tout moyen de recouvrer son salut. La faculté de satisfaire nous est donc ôtée, & il est vrai de dire que ceux qui s'en flatent ne satisferont jamais à Dieu, auquel rien de ce qui provient de ses ennemis n'est agréable. Or tous ceux à qui Dieu a résolu d'imputer les péchez sont ses ennemis. Il faut donc que nos péchez soient couverts & qu'ils nous ayent été remis, avant que le Seigneur regarde à aucune de de nos œuvres. D'où il s'ensuit que la rémission des péchez est gratuite, & que ceux là blasphêment méchamment contr'elle qui mettent en avant leurs satisfactions. C'est pourquoi quant à nous, à l'exemple de l'Apôtre, *oubliant les choses qui sont derriére, & nous avançant vers celles qui sont devant, tirons vers le but, sçavoir, au prix de la vocation céleste de Dieu en Jesus Christ.* Philip. 3. 14.

XIV. En effet, se vanter d'avoir fait des œuvres de surérogation, comment cela se peut-il accorder avec ce de commandement; *Quand vous aurez fait toutes les choses qui vous sont commandées, dites: Nous sommes des serviteurs inutiles, parce que ce que nous étions tenus de faire, nous l'avons fait?* Dire quelque chose devant Dieu, n'est pas dissimuler, ou mentir, mais arrêter en soi ce que l'on tient être certain. C'est pourquoi le Seigneur nous commande de reconnoître sincérement & de considérer en nous-mêmes, qu'on ne lui peut rendre des devoirs gratuits, & que tous ceux que nous lui rendons nous sommes obligez de les lui rendre.

dre. Et c'est avec beaucoup de raison, car nous sommes des serviteurs astreints à tant d'obligations, qu'il nous seroit impossible de les remplir, quand toutes nos pensées, & tous nos membres ne s'appliqueroient à autre chose qu'à l'observation de la Loi. Ainsi lors qu'il dit: *Quand vous aurez fait toutes les choses qui vous sont commandées*, c'est autant & davantage que s'il disoit : quand même toutes les justices des hommes se trouveroient en un seul homme: Nous donc entre lesquels il n'y en a aucun qui ne soit

trés-

trés-éloigné d'être parvenu à ce but, oserions-nous nous glorifier d'avoir comblé la juste mesure? Et il ne sert de rien que quelqu'un allégue, que rien n'empêche que celui qui, à quelque égard, ne s'aquite pas des choses ausquelles il est obligé nécessairement, ne puisse bien faire en d'autres occasions au delà de ce qui est exigé de lui: car il faut tenir ceci pour constant, que quant à ce qui regarde le culte de Dieu, & l'amour que nous devons avoir pour le prochain, nôtre esprit ne sçauroit rien imaginer qui ne soit compris sous

la

la Loi de Dieu. Or si c'est une partie de la Loi, ne nous vantons point de faire par une libéralité volontaire ce à quoi nous sommes astraints par une pure nécessité.

XV. On allégue ici fort mal à propos ce que dit S. Paul, lors qu'il se glorifie entre les Corinthiens, qu'il a relâché volontairement de son droit, dont il pouvoit user, s'il eût voulu, & que non seulement il ne leur a pas rendu ce qu'il étoit obligé de leur rendre, mais que même il leur a départi son travail sans récompense au de-là de la

1. Cor. 9.1.22.

la fin de son devoir. Car il faut prendre garde à la raison qui est ici marquée, sçavoir, qu'il a fait cela, *de peur qu'il ne fût en scandale aux foibles.* Car il y avoit de faux Docteurs qui affectant de n'exiger rien pour leurs travaux tâchoient de s'insinuer dans les esprits sous ce dehors de benignité, afin de donner du crédit à leurs Dogmes pernicieux & de rendre odieux l'Evangile. Il faloit donc que S. Paul fit l'une de ces deux choses, ou qu'il exposât à un danger manifeste la Doctrine de Jesus Christ, ou qu'il prévint de de tels artifices. Cependant, si c'est une chose indifférente à un homme Chrêtien d'être en scandale quand il peut éviter de l'être, j'avouë que l'Apôtre a fait quelque chose au de-là de ce que Dieu exigeoit de lui: mais si c'étoit une chose qui fût nécessairement requise d'un sage Dispensateur de l'Evangile, je dis qu'il n'a fait que ce qu'il étoit obligé de faire. Quand une semblable raison ne seroit pas évidente, ce que dit S. Chrysostome, demeure toûjours véritable, que tout ce qui procéde de nous est de la nature des biens qu'aquéroient

roient les Esclaves dont tout le monde demeure d'accord qu'ils appartenoient de droit à leurs Maîtres. Et Jesus Christ ne le dissimule point dans la parabole. *Quel gré, demande-t-il, sçaurons-nous à un serviteur*, qui aprés avoir travaillé pendant tout le jour revient le soir dans la maison? J'avouë qu'il peut arriver qu'un serviteur aura fait plus de travail qu'on n'eût osé exiger de lui. Mais que cela soit. Il n'aura rien fait toutefois à quoi il ne soit obligé par sa condition de serviteur: car enfin, il nous appartient avec tout

Luc 17. v.

Justification.

tout le travail qu'il peut faire. Je passe sous silence quelles sont ces œuvres de surérogation qu'on prétend faire valoir devant Dieu. Je dirai toutefois que ce ne sont que des choses de néant, que Dieu n'a point commandées, qu'il n'approuve point, & qui ne seront point acceptées lors que nous comparoîtrons devant lui & qu'il nous faudra rendre compte. En ce sens nous demeurons d'accord qu'il y a des œuvres de surérogation, comme celles dont il est parlé dans le Prophete Esaïe: *Qui a requis cela de vos mains ?* Esaïe 1. 12. 55. 2.

Mais

Mais que ceux qui se vantent de telles œuvres se souviennent de ce qui en est dit ailleurs: *Pourquoi employez-vous l'argent pour ce qui ne nourrit point, & vôtre travail pour ce qui ne rassasie point?* Certes ce n'est pas une chose fort pénible pour ces Docteurs oisifs de disputer de ces choses, assis mollement dans leurs Chaires. Mais quand le Juge souverain paroîtra sur son Tribunal il faudra que ces opinions orgueilleuses s'évanoüissent. Or voici ce qu'il faloit chercher; il faloit tâcher de découvrir sur quel fon-

fondement on doit asseoir sa confiance en se défendant devant le Tribunal de ce Juge, & non pas s'amuser à apprendre ce qu'on en peut dire dans un coin d'Ecole.

XVI. Il y a deux pestes principalement que nous devons chasser de nos cœurs dans cette rencontre, l'une est la confiance en nos œuvres, & l'autre la loüange & la gloire que nous leur pourrions attribuer. Pour ce qui regarde la confiance en nos œuvres quelle qu'elle puisse être, l'Ecriture nous en dissuade en divers endroits, lors qu'elle nous enseigne que tou-

toutes nos justices sont puantes devant Dieu, à moins qu'elles ne tirent une odeur agréable, de l'innocence de Jesus Christ, & qu'elles ne peuvent qu'irriter la vangeance de Dieu, à moins qu'elles ne soient supportées par la douceur de sa miséricorde. Ainsi elle ne nous laisse aucun autre parti à prendre que celui d'implorer nôtre Juge, avec cette confession de David; *Que nul vivant ne sera justifié devant lui, s'il entre en jugement avec ses serviteurs.* Et lorsque Job dit: *Si j'ai fait méchamment, malheur sur moi,*

Pseau. 143. 2.

Job 10. 15.

si

si j'ai été juste, je n'en leve pas la tête plus haut ; quoi qu'il regarde à cette justice souveraine de Dieu, que celle des Anges mêmes n'égale point, il fait voir toutefois en même temps qu'il ne reste rien à tous les mortels dans cette occasion, que de demeurer dans le silence. Car il ne prétend pas dire qu'il aime mieux céder volontairement que de s'exposer à quelque danger, en combattant contre la rigueur de Dieu : mais il veut marquer qu'il n'a reconnu en lui qu'une justice, qui en la presence de Dieu seroit renversée du
pre-

premier moment. Or quand une fois la confiance a été chassée de nos cœurs, il en faut aussi chasser toute ostentation. En effet, cette confiance étant bannie, qui oseroit attribuer la loüange de justice à ses œuvres, lors que venant à les considérer il tremblera devant la face de Dieu ? Il faut donc que nous en venions-là où Esaïe nous appelle, lors qu'il dit; *que toute la postérité d'Israël sera justifiée, & qu'elle se glorifiera en l'Eternel* ; parce qu'enfin ce qu'il dit ailleurs est très-veritable ; *que nous sommes la plante de l'Eternel,*

Esaïe 45. 25.

Esaïe 61. 3.

nel, pour nous y glorifier. Nôtre cœur sera donc purifié veritablement lors qu'il ne s'appuyera en aucune maniére sur les œuvres, & qu'il ne s'en glorifiera point. Car c'est cette folle erreur, qui inspire aux hommes cette confiance fausse & mensongére, qui les induit en même temps à établir la cause de leur salut dans leurs œuvres.

XVII. Cependant, si nous faisons attention aux quatre genres de causes que les Philosophes nous enseignent de considérer dans les productions, nous n'en trouverons aucun qui puisse con-

venir

venir aux œuvres, lors qu'il s'agit de nôtre salut. L'Ecriture publie par tout que la cause efficiente de la vie éternelle qui nous a été aquise est la miséricorde du Pere céleste & son amour gratuit envers nous. Pour ce qui regarde la cause matérielle, la même Ecriture nous propose Jesus Christ avec son obéïssance, par le moyen de laquelle il nous a obtenu la justice. Quant à la cause formelle, ou instrumentale, qu'en pouvons-nous dire, sinon que c'est la foi ? Aussi S. Jean renferme-t-il ces trois causes dans une seule sentence, ce, quand il dit ; *que Dieu a* Jean 3. 16. *tellement aimé le monde, qu'il a donné son Fils unique, afin que quiconque croit en lui ne périsse point, mais qu'il ait la vie éternelle.* Enfin, quant à la cause finale, l'A- Rom. 3. 25. 22. 23. pôtre témoigne que c'est la manifestation de la justice de Dieu, & la gloire de sa bonté. En effet, il parle ailleurs en termes formels de ces trois causes & les joint ensemble. Voici ce qu'il dit aux Romains. *Tous ont péché & sont entiérement privez de la gloire de Dieu, étant justifiez gratuitement par sa grace.* Voila l'origine

& la premiére source, c'est qu'il a eu pitié de nous par un effet de sa miséricorde gratuite: Il poursuit. *Par la rédemption qui est en Jesus Christ.* Nous avons là comme la matiére en laquelle consiste nôtre justice. *Etant justifiez gratuitement par sa grace, par la rédemption qui est en Iesus Christ*, lequel Dieu, ajoûte-t-il, *a ordonné de tout temps pour être propiciatoire par la foi, en son sang.* Voila la cause instrumentale par laquelle la justice de Jesus Christ nous est appliquée. Ensuite de quoi il ajoûte la fin, lors qu'il dit, que

que ç'a été, *pour faire voir sa justice, afin qu'il soit trouvé juste, & justifiant celui qui est de la foi en Jesus Christ.* Et même pour marquer comme en passant que cette justice consiste en la réconciliation avec Dieu, il dit formellement, *que Jesus Christ a été ordonné de Dieu pour être nôtre propitiation.* Semblablement dans le chapitre premier de l'Epître aux Ephesiens il enseigne que Dieu nous reçoit en sa grace par sa pure miséricorde; que cela se fait par l'intercession de Jesus Christ ; que nous recevons cette grace

par

par la foi ; & que toutes ces choses tendent à ce but, que la gloire de sa bonté soit pleinement manifestée. Puis donc que nous voyons que toutes les parties de nôtre salut sont hors de nous, d'où vient que nous nous appuyons encore sur nos œuvres, ou que nous nous en glorifions ? A l'égard de la cause efficiente & de la cause finale, les plus grands ennemis de la grace de Dieu n'oseroient en disputer avec nous, à moins qu'ils ne voulussent nier toute l'Ecriture. Et quant à la cause matérielle & formelle ils tâchent de faire

faire illusion, en insinuant que nos œuvres tiennent comme le milieu entre la foi & la justice de Jesus Christ : ce que l'Ecriture contredit encore, car elle affirme simplement que Jesus Christ nous a été donné pour être nôtre justice & nôtre vie, & que ce n'est que par le moyen de la foi que nous jouïssons de ce bienfait.

XVIII. Il est vrai que les Saints se confirment & se consolent trés-souvent en repassant dans leur mémoire leur innocence & leur intégrité, & cela se fait en deux ma-

manières. Premiérement, c'est que venant à comparer leur cause, qui est bonne, avec celle des méchans, qui est mauvaise, ils conçoivent une espérance certaine de leur victoire, non pas tant en considération de leur justice, qu'à cause de la juste condamnation que leurs ennemis ont méritée. Secondement, c'est qu'en se reconnoissant devant Dieu, encore qu'ils ne se comparent avec personne; la pureté de leur conscience leur fait ressentir beaucoup de consolation & leur donne une confiance entiére. Nous parlerons dans la la suite, de la premiére de ces choses. Maintenant, pour ne parler que de la derniére, voyons en peu de paroles, comment cela se peut accorder avec ce que nous avons déja dit, que dans le jugement de Dieu nous ne devons nullement nous appuyer sur la confiance de nos œuvres, ni nous glorifier en aucune maniére, pour l'opinion que nous en pourrions concevoir. Voici donc comment ces choses s'accordent, c'est que les Saints, lors qu'il s'agit d'établir leur salut, n'ont leurs yeux attachez qu'à la seule bonté de Dieu,

Voi le Chap. 17. de de ce Traité, Parag. 14. & Chap. 20. de l'Institution.

sans

sans avoir égard à leurs œuvres. Et non seulement c'est du côté de cette bonté qu'ils se tournent avant toutes choses, comme étant le commencement de leur félicité, mais ils s'y reposent même, comme en étant l'accomplissement. La conscience appuyée sur un tel fondement, & ainsi relevée & affermie, s'affermit encore par la considération des œuvres, en tant que ce sont des témoignages que Dieu habite & qu'il régne en nous. Puis donc que cette confiance aux œuvres ne vient en considération, qu'après que nous nous sommes

Iustification.

mes entiérement assurez sur la miséricorde de Dieu, une telle confiance ne doit pas paroître contraire à celle dont elle dépend. Ainsi lors que nous excluons la confiance en nos œuvres, nous voulons dire seulement que l'ame Chrêtienne ne doit pas regarder le mérite des œuvres, comme un refuge pour son salut, mais qu'elle doit se reposer uniquement sur la promesse gratuite de la justice. Nous n'empêchons pas cependant qu'elle n'affermisse sa foi & la fortifie par les marques que Dieu lui donne de sa bienveillance. Car

Car si dans le moment que nous repassons dans nôtre mémoire tous les dons qu'il a plû à Dieu de nous départir, ces dons sont, en quelque maniére, comme des rayons de sa face Divine qui nous illuminent, afin que nous contemplions la lumiére de sa souveraine bonté : à plus forte raison nos bonnes œuvres, qui sont des effets de sa grace nous doivent porter à cette contemplation, puis qu'elles nous découvrent que l'esprit d'Adoption nous a été donné.

XIX. Quand donc les Saints se fortifient en la foi par

par la pureté de leur conscience & qu'ils en prennent matiére de se réjouïr, ils ne font autre chose que considérer, en voyant les fruits de leur vocation, que le Seigneur les a adoptez pour être au nombre de ses enfans. Ainsi quand Salomon dit; *qu'en la crainte de l'Eternel il y a une ferme assurance;* & Prover. 14. 26. lorsque les Saints pour être exaucez de Dieu employent quelquefois cette priére, par laquelle ils le conjurent de considérer, *qu'ils ont cheminé devant sa face en intégrité & simplicité;* ce n'est pas à dire que ce soit là-dessus qu'ils Genese 24. 40. 2. Rois 20. 3.

qu'ils fondent cette confiance dont leur conscience se sent pénétrée. Cependant, ce qu'ils disent contribuë beaucoup à les rassurer, quand ils le prennent comme une suite & une marque de leur vocation: car au fond il n'y a aucun homme qui ait une crainte de Dieu si parfaite, que cette crainte lui puisse donner une confiance pleine & entiére, & les Saints sçavent bien eux-mêmes qu'il y a dans leur intégrité beaucoup de reliques de leur chair. Mais lors qu'ils viennent à conclure, des fruits de leur régénération, que

que le S. Esprit habite en eux, ils ne se confirment pas peu dans l'espérance que Dieu leur prêtera son secours dans toutes leurs nécessitez, puis que dans une circonstance si importante ils éprouvent qu'il est leur pere. Cependant, c'est une esperance qu'ils ne sçauroient avoir que premiérement ils n'ayent reçû des marques de la bonté de Dieu, laquelle ne peut être scellée que par la certitude de la promesse. Car s'ils commencent à juger de cette bonté par la consideration qu'ils font de leurs œuvres, il n'y aura rien de plus incertain, ni de moins ferme: étant constant que si les œuvres sont estimées par elles-mêmes, leur imperfection ne leur fera pas moins entrevoir des marques de la colére de Dieu, que leur pureté, de quelque maniére qu'elle soit commencée leur donnera des témoignages de sa bien-veillance. Aussi publient-ils les bien-faits de Dieu, de telle maniére, qu'ils les font dépendre de sa faveur gratuite, en laquelle S. Paul témoigne qu'il y a *une longueur, une largeur, une profondeur, & une hauteur,* com-

Ephes. 3. 18. 19.

comme s'il disoit, que de quelque côté que les Saints tournent leurs pensées, que quelque élevées qu'elles soient, que quelque étenduë qu'ils leur donnent, ils sont obligez pourtant de les borner à l'amour que Jesus Christ a eu pour nous, & d'en être entiérement occupez, puisque c'est en cet amour que toutes les dimensions sont comprises. C'est pourquoi il dit dans la suite; *que la dilection de Jesus Christ surpasse toute connoissance, & que lors que nous venons à connoître combien ce divin Sauveur nous a ai-*

mez, nous sommes remplis, de toute plénitude de Dieu. Et c'est la même chose que ce qu'il dit ailleurs : car lors qu'il se glorifie que les fidelles sont victorieux en tous leurs combats, voici la raison qu'il en allégue d'abord : *C'est*, dit-il, *à cause de celui qui les a aimez.*

Rom. 8. 37.

XX. Nous voyons maintenant que si les Saints ont quelque confiance en leurs œuvres, ce n'est pas pourtant une confiance qui attribuë aux œuvres aucun mérite, ni qui ôte rien à la justice gratuite que nous obtenons en Jesus Christ, puis que

pre-

Justification.

premiérement, ils ne regardent leurs œuvres que comme des dons de Dieu, par lesquels ils reconnoissent sa bonté; que comme des signes de leur vocation par lesquels ils réputent qu'ils sont élûs; & qu'en second lieu ils insinuent que leur confiance dépend de la justice gratuite de Jesus Christ, & qu'elle ne peut même subsister sans elle. C'est ce que S. Augustin démontre trés-élégamment & en peu de paroles, lorsqu'il s'énonce de cette maniére: *Ie ne dis pas au Seigneur: Ne méprise point les œuvres de mes mains. I'ai cher-*

S. Augustin, sur le Pseau. 137.

cherché le Seigneur, de mes mains, & je ne suis point deçû. Cependant, je ne fais pas l'éloge des œuvres de mes mains, car je crains que lors que tu viendras à y jetter les yeux, tu n'y trouves plus de péchez que de mérites. Je dis seulement ceci, & c'est la seule chose que je demande & que je desire : Ne méprise point les œuvres de tes mains. Voi tes œuvres en moi, & non pas les miennes. Car si tu vois les miennes tu ne peux que les condamner, au lieu que si tu vois les tiennes tu les couronneras. Or toutes les bonnes œuvres que je fais

pro-

procédent de toi. Il allégue deux raisons pour faire connoître pourquoi il n'oseroit étaler & loüer ses œuvres devant Dieu, la premiére, c'est que s'il voit en elles quelque chose de bon, il voit que cela ne procéde pas de lui, & la seconde, que ce qu'il y a même de bon se trouve surmonté par la multitude de ses péchez. De-là vient que sa conscience est bien plus agitée de crainte & plus abattuë, qu'elle ne se sent assurée. Ainsi il ne prétend point que Dieu regarde autrement ses bonnes œuvres, que pour y reconnoître la grace de sa vocation, & pour achever lui-même l'ouvrage qu'il a commencé.

XXI. Au reste, quand l'Ecriture déclare que les bonnes œuvres des fidelles sont les causes des bien-faits que Dieu leur communique, il faut expliquer cela d'une telle maniére, que ce que nous avons déja posé soit inébranlable, sçavoir, que la cause efficiente de nôtre salut est la dilection de Dieu le Pere; la matiére, l'obéïssance du Fils; l'Instrument, l'illumination du S. Esprit, c'est à dire, la foi; & la fin,

fin, la gloire que Dieu se propose dans l'exercice d'une bonté si extraordinaire. Cela n'empêche pas toutefois que le Seigneur n'accepte les œuvres, comme des causes inférieures. Mais d'où est-ce que cela procéde? C'est que selon sa dispensation ordinaire, ceux qu'il a destinez par sa miséricorde à l'héritage de la vie éternelle entrent par le moyen de leurs œuvres en possession de cet héritage, auquel il les introduit lui-même. Ainsi ce qui précéde dans la dispensation de Dieu est appellé la cause de ce qui suit. Voila quelle

quelle est la raison pour laquelle l'Ecriture fait procéder quelquefois des œuvres la vie éternelle. Ce n'est pas qu'elle veuille que la gloire leur en soit attribuée. Mais parce que Dieu justifie ceux qu'il a élûs, pour les glorifier un jour; elle fait, en quelque maniére, de la premiére grace la cause de la seconde, encore qu'elle n'en soit qu'un degré. Cependant toutes les fois qu'il s'agit de marquer la véritable cause de nôtre salut, bien loin de nous renvoyer aux œuvres, elle nous prescrit de penser à la miséricorde de Dieu, & de

Rom. 8. 29.

de n'être occupez que de cette pensée. En effet, que peuvent signifier autre chose ces paroles de l'Apôtre ; *que les gages du péché c'est la mort, mais que le don de Dieu c'est la vie éternelle ?* Rom. 6. 23. D'où vient qu'opposant la vie à la mort, il ne fait pas la même opposition entre le péché & la justice ? D'où vient qu'aïant dit, du péché, qu'il est la cause de la mort, il ne dit pas, de la justice, qu'elle est le cause de la vie ? L'Antithese seroit alors juste, au lieu que par ce changement elle est entiérement rompuë. Mais l'Apôtre a vou-

voulu exprimer par cette comparaison ce qui étoit véritable, sçavoir, que les hommes méritent la mort, & que ceux qui sont faits participans de la vie, ne le sont uniquement que par un effet de la miséricorde Divine. En un mot, dans ces expressions l'Ecriture marque bien moins la cause des faveurs de Dieu, que l'ordre qu'il tient en les faisant, c'est qu'en ajoûtant graces sur graces, car il n'oublie rien pour enrichir ses serviteurs, il prend occasion, des premiéres, de les augmenter par de secondes: ainsi il continuë toûjours sa libéralité

ralité envers eux, en sorte néanmoins qu'il veut qu'ils pensent toûjours à son Election gratuite, qui est la source & le commencement de tous ses bienfaits. Car quoi qu'il aime les biens qu'il nous élargit tous les jours, à cause qu'ils procédent de cette source, nous devons pourtant, de nôtre côté, nous tenir arrêtez à cette acceptation gratuite, qui peut seule affermir nos ames : & quant aux dons de son Esprit, qu'il nous distribuë dans la suite, il leur faut donner un certain rang que par là la premiére cause ne puisse recevoir aucune atteinte. CHA-

CHAPITRE V.

Que ce qui se dit pour faire valoir le mérite des œuvres ne dépouille pas moins Dieu, de la gloire qu'il se propose, en nous conférant la justice, qu'il anéantit l'assurance que nous devons avoir de nôtre salut.

Ce qu'il y a de plus essentiel dans cette matiére est développé maintenant, puisque nous avons fait voir, d'un côté, que la justice ne peut qu'être anéantie devant Dieu,

Dieu, si elle n'est appuyée que sur les œuvres; & que, d'un autre, nous avons démontré, qu'elle doit être renfermée en la seule miséricorde de Dieu, en la seule communion avec Jesus Christ, & par conséquent en la seule foi. Ce poinct éclairci, il est nécessaire que nous nous attachions à considérer, que c'est ici le principal poinct, & comme le nœud de la question, de peur que nous ne donnions dans l'erreur ordinaire, je ne dirai pas seulement du peuple, mais même des plus éclairez. Car dés qu'il s'agit de découvrir si la

foi,

foi, ou les œuvres justifient, ils ont recours à ces Passages qui semblent attribuer quelque mérite aux œuvres devant Dieu, comme si la Justification par les œuvres étoit démontrée, du moment qu'on a démontré que Dieu aprouve les œuvres & qu'elles sont de quelque prix devant lui. Nous avons déja fait voir clairement que la justice des œuvres ne consiste qu'en une parfaite & entiére observation de la Loi; d'où il s'ensuit, qu'il n'y a aucun homme qui puisse être justifié par les œuvres, à moins qu'il ne soit parvenu

à

à un si haut degré de perfection qu'il ne lui soit jamais arrivé de la transgresser, non pas même dans le moindre chef. C'est donc une autre question & une question séparée, sçavoir, si les œuvres, quoi qu'elles ne suffisent nullement pour la Justification de l'homme, ne méritent pas néanmoins que Dieu les reçoive favorablement.

II. Premiérement, pour ce qui regarde le nom de *Mérite*, il est nécessaire avant toutes choses, que je dise, que celui qui l'a attribué le premier aux œuvres des hommes, à l'égard du jugement

Ce que c'est que mérite.

de Dieu, a trés-mal ménagé la sincérité de la foi. Certes, je n'aime guéres d'entrer dans des disputes touchant les mots : cependant je ne sçaurois m'empêcher de dire qu'il eût été à souhaiter que les Ecrivains Chrêtiens eussent été assez sobres, pour n'employer jamais sans nécessité des mots qui ne se trouvent point dans l'Ecriture, sur tout quand ils ne peuvent que causer du scandale & ne produire que trés-peu de fruit. Car quelle nécessité y avoit-il, je vous prie, d'introduire ce nom de *Mérite*, puis que le prix des bonnes œu-

œuvres pouvoit être expliqué par un autre nom, qui eût exprimé la chose avec la même force & qui en même temps n'eût point choqué ? Or combien il a été en achopement, cela ne se vérifie que trop au grand préjudice des hommes. En effet, comme ce terme est tout rempli de faste, il ne peut qu'obscurcir la grace de Dieu, & remplir l'homme d'une fierté & d'un orgueil insupportables. J'avouë que les anciens Ecrivains Ecclésiastiques s'en sont servis plusieurs fois : & plût à Dieu que par l'abus d'un petit mot ils n'eussent pas

pas fourni matiére d'erreur à ceux qui sont venus aprés eux, quoi qu'ils ayent protesté en divers endroits que ce n'a pas été leur vûë de donner atteinte à la vérité. Voici ce que dit quelque part S. Augustin : *Que les mérites des hommes se taisent ici, lesquels ont péri en Adam, & que la grace de Dieu régne par Iesus Christ.* Les Saints, ajoûte-t-il encore, *n'attribuent rien à leurs mérites, & ils attribueront tout, ô Dieu, à ta seule miséricorde.* Et ailleurs : *Quand l'homme voit que tout ce qu'il a de bien il ne l'a pas de soi, mais qu'il*

De la Prédestination des Saints. Sur le Pseau. 139. Sur le Pseau. 88.

Justification.

qu'il l'a de son Dieu, il voit en même temps que tout ce qui est loüé en lui ne procéde pas, de ses mérites, mais de la miséricorde de Dieu. Par lesquelles paroles on voit, qu'à mesure qu'il dépoüille l'homme de la faculté de faire le bien, il renverse tout ce qu'on peut dire de l'excellence du mérite. S. Chrysostome s'exprime de cette maniére : *Comme toutes nos œuvres ne sont que des suites de la vocation de Dieu gratuite, elles ne sont aussi que des rétributions & des dettes, mais les dons de Dieu sont des graces, des libéralitez,*

Chrys. Homil. 33. sur la Gen.

tez, de pures largesses. Mais à quoi bon s'attacher à parler du nom, considérons plûtôt la chose. J'ai cité déja en quelque endroit ces paroles de S. Bernard, où il dit, *que comme c'est assez pour mériter, de ne présumer d'aucuns mérites ; aussi c'est assez de n'en avoir point pour être jugé.* Cette expression est dure, mais il en adoucit la dureté en expliquant d'abord sa pensée. *Prens donc peine, dit-il, d'avoir des mérites. Quand tu en auras, reconnois qu'ils te sont donnez. Espéres-en le fruit, de la miséricorde de Dieu, & tu as évi-*

[marginal note: S. Bern. sur le Cantiq. Serm. 68.]

Iustification.

évité alors le péril qu'il y a de tomber dans la pauvreté, dans l'ingratitude, dans la présomption. Que l'Eglise est heureuse d'avoir des mérites, dont elle ne peut pas s'enorgueillir, & de pouvoir se glorifier, sans se glorifier de ses mérites. Il avoit un peu auparavant fait assez connoître que c'étoit dans un fort bon sens qu'il avoit employé ce terme. *Pourquoi l'Eglise*, avoit-il dit, *se mettra-t-elle en peine de mérites, puis qu'elle a dans le bon plaisir de Dieu un sujet de se glorifier beaucoup plus certain & plus ferme ? Dieu ne se* se peut point renoncer soi-même ; il fera ce qu'il a promis. Ainsi il n'est pas besoin de s'enquérir par quels mérites nous espérons les biens, principalement lors que nous oyons par la bouche du Prophete ; *Je ne le fais point pour l'amour de vous, mais à cause de moi*, dit le Seigneur. Il suffit donc pour mériter, de sçavoir que les mérites ne suffisent pas.

<small>Ezech. 36. 22. 32.</small>

III. Quant à ce que méritent toutes nos œuvres, l'Ecriture nous l'apprend, lors qu'elle dit, qu'elles ne sçauroient soûtenir la presence de Dieu, à cause qu'elles sont

sont pleines de soüillures. Et quant à ce que mériteroit l'entiére observation de la Loi, si c'étoit une chose possible, elle le déclare aussi, lors qu'elle nous ordonne de dire, *que nous sommes des serviteurs inutiles, aprés avoir fait toutes les choses qui nous auront été commandées:* parce qu'il est certain qu'à l'égard de Dieu nous ne faisons rien à quoi nous ne soyons obligez : l'obéïssance que nous lui rendons étant une obéïssance dûë pour laquelle par conséquent il ne nous doit avoir nulle obligation. Cependant le Seigneur appelle

Luc 17. 10.

pelle nôtres, les bonnes œuvres que nous faisons, quoi que ce soient des dons qu'il nous fait, & non seulement il témoigne qu'elles lui sont agréables, mais qu'il veut bien les récompenser. Ce que nous devons faire à nôtre tour, est de nous animer par une si grande promesse; de nous exciter & prendre courage, afin que nous ne nous lassions jamais de bien faire; & de témoigner à Dieu par une véritable reconnoissance que nous ne sommes pas ingrats des bienfaits qu'il nous a si libéralement départis. On ne sçauroit révoquer en en doute que tout ce qu'il y a dans nos œuvres qui mérite quelque loüange ne procéde, de la grace de Dieu, & qu'il n'y a pas le moindre bien en nous que nous puissions proprement nous attribuer. Or il est certain que si nous reconnoissons cela véritablement, & que nous y fassions attention, tout ce que nous avons de confiance en nos mérites s'évanouira tellement qu'il ne nous en demeurera pas même la pensée. Pour nous, nous ne partageons pas entre Dieu & l'homme, comme font les Sophistes, la loüange qui est dûë

dûë aux bonnes œuvres; nous la laiſſons toute entiére à Dieu. Ce que nous donnons ſeulement à l'homme, c'eſt qu'il ſalit par ſon impureté ce qui étoit bon de ſoi-même: car quelque parfait qu'il puiſſe être, il ne procéde rien de lui qui ne ſoit ſoüillé de quelque tache. Que Dieu vienne donc à examiner ce qu'il y a de meilleur dans les œuvres des hommes, il y reconnoîtra ſa juſtice, mais il y rencontrera leur confuſion & leur opprobre. Les bonnes œuvres cependant ſont agréables à Dieu, & ne ſont pas infruc-
tueuſes

tueuses à ceux qui les font, puis que Dieu les récompense de ses plus grands bienfaits, mais ce n'est pas qu'elles le méritent, c'est seulement parce que la bénignité de Dieu veut bien leur donner, d'elle-même, un tel prix. Or quelle ingratitude n'est-ce pas, si non contens de cette libéralité de Dieu qui récompense gratuitement nos œuvres quelque indignes qu'elles soient de sa récompense, nous prétendons que ce qui procéde uniquement de cette libéralité Divine, soit attribué à nos mérites ? J'appelle ici en témoignage
qui-

quiconque a tant soit peu de bon sens. Si un homme à qui on auroit donné l'usufruit d'un champ prétendoit d'en être le propriétaire, & qu'il en usurpât même le titre, ne mériteroit-il pas par cette ingratitude d'être privé de la jouïssance qu'il en avoit. Semblablement si un esclave qui auroit été afranchi par son Maître, oubliant la bassesse de sa condition, agissoit, comme s'il étoit véritablement libre, ne mériteroit-il pas d'être réduit dans sa premiére servitude ? Voici quelle est la maniére légitime de jouïr des bien-faits

que

Iustification.

que nous avons reçûs, c'est de ne nous attribuer jamais d'avantage que ce qui nous a été donné ; de ne point priver nôtre bienfaicteur, de la loüange qui lui est dûë ; mais plûtôt de nous conduire de telle maniére, que ce qu'il a transféré en nous semble en quelque maniére résider en lui. Si nous sommes obligez de garder cette modération à l'égard des hommes, que chacun voye & qu'il considére ce que nous sommes obligez de faire à l'égard de Dieu.

IV. Je sçai bien que les Sophistes abusent de quelques

ques passages pour prouver que ce mot de *Mérite*, par rapport à Dieu, se trouve dans l'Ecriture Sainte. Ils citent ces paroles de l'Ecclésiastique: *la miséricorde donnera lieu à un chacun, selon le mérite de ses œuvres;* & celles de l'Epître aux Hébreux: *Ne mettez point en oubli la bénéficence & la communication, car tels sacrifices méritent la grace de Dieu.* Quoi que je pusse rejetter l'autorité de l'Ecclésiastique, je ne veux pas user de mon droit, mais je nie qu'on ait cité fidellement l'Auteur de ce Livre, quel qu'il puisse être, car il

Eccles.
16. 15.
Hebr.
13. 16.

il y a mot à mot dans les Exemplaires Grecs: *Dieu donnera lieu à toute miséricorde, & chacun trouvera selon ses œuvres.* Et que ce soit là le sens naturel de ces paroles, qui ont été corrompuës dans la Version Latine, cela paroît évidemment, soit qu'on les considére en elles-mêmes, ou qu'on veüille faire attention à toute la suite du texte. Pour ce qui regarde l'Epître aux Hebreux, c'est en vain qu'on prétend nous tendre des piéges, puis qu'il est certain que dans le Grec les paroles dont se sert l'Apôtre ne signifient autre chose, sinon; *que Dieu prend plaisir à de tels Sacrifices*. Il ne faut que cela seul sans doute, pour abattre & réprimer l'insolence de nôtre orgueil, à moins que pour attribuer quelque dignité à nos œuvres nous ne voulions aller au de là de ce que nous dit l'Ecriture. Or l'Ecriture nous enseigne que nos œuvres sont continuellement tachées de plusieurs soüillures, à cause desquelles Dieu seroit offensé à bon droit, & même irrité contre nous, tant s'en faut qu'elles nous puissent aquerir sa faveur, & exciter sa bénéficence.

ce. Néanmoins, par un effet de sa bonté extraordinaire il ne les examine pas à la rigueur; au contraire il les accepte comme si elles étoient trés-pures; & il les récompense même de plusieurs bienfaits, tant à l'égard de la vie presente que de celle qui est à venir, encore qu'elles ne le méritent pas. Car je ne sçaurois recevoir la distinction dont se servent quelques personnes qui ont d'ailleurs du sçavoir & de la pieté, c'est que les bonnes œuvres méritent les graces qui nous sont conférées en cette vie, & que le salut éternel est le prix de la seule foi : en quoi je suis fondé en raison, puisque le Seigneur promet presque toûjours que ce sera dans le Ciel que nous recevrons la récompense de nos travaux, & la couronne de nos combats. D'ailleurs, il est constant que d'attribuer au mérite des œuvres les faveurs continuelles dont Dieu nous comble & d'en ravir la gloire à la grace, c'est aller contre la doctrine de l'Ecriture. Car bien que Jesus Christ dise ; *qu'il sera donné à celui qui aura, & que le bon & fidelle serviteur qui aura été fidelle en peu de chose*

Matth. 25. 21. 29.

Iustification.

se sera établi sur beaucoup, il ne laisse pas de faire voir en même temps que les accroissemens des fidelles sont des dons de sa bénignité gratuite. *Hola,* s'écrie-t-il, *vous tous qui êtes altérez, venez aux eaux: même vous qui n'avez point d'argent, venez, achetez, & mangez: venez, dis-je, achetez sans argent & sans aucun prix, du vin & du lait.* Ainsi tout ce qui est donné maintenant aux fidelles pour le soûtien de leur salut est un pur effet de la bonté de Dieu, de même que la félicité éternelle. Cela n'empêche pas cependant,

Esaïe 55. 1.

dant, qu'il ne témoigne qu'il a nos œuvres en quelque considération, tant à l'égard des graces qu'il nous communique tous les jours, qu'à l'égard de la vie éternelle qu'il nous prépare, son but étant de nous donner des marques de sa dilection infinie en estimant dignes d'un tel honneur, non seulement nos personnes, mais les dons qu'il nous distribuë avec tant de libéralité.

V. Si ces choses eussent été traitées & exposées dans les siécles qui ont précédé le nôtre, de la maniére & avec l'ordre qu'elles le devoient être,

être, il ne se fût jamais élevé tant de troubles & de dissentions. S. Paul dit que pour travailler avec succés à l'établissement de la doctrine Chrêtienne, dont il parle comme d'un édifice, il faut retenir le fondement qu'il avoit posé lui-même entre les Corinthiens : *car*, *dit-il*, *nul n'en peut poser d'autre que celui qui est posé, qui est Jesus Christ.* Or quel est le fondement que nous avons en Jesus Christ ? Est-ce qu'il a été le commencement de nôtre salut, afin que nous en fussions l'accomplissement ? Est-ce qu'il

1. Cor 3. 11.

nous a seulement ouvert le chemin, afin que nous le suivissions aprés, de nous-mêmes ? Non, ce n'est nullement cela. Mais le fondement que nous avons en lui est que nous reconnoissions *qu'il nous a été fait justice*, comme l'Apôtre l'avoit dit auparavant. Il n'y a donc que ceux qui ont en Jesus Christ une justice entiére & parfaite, qui ayent un véritable fondement en lui. En effet, S. Paul ne dit pas que Jesus Christ a été envoyé pour nous aider à obtenir la justice, mais que ç'a été afin qu'il fût nôtre justice, sçavoir;

[marginal note: 1. Cor. 1. 30.]

voir; en ce que, de toute éternité, avant la fondation du monde, nous avons été élûs en lui, non à cause de nos mérites, mais selon le bon plaisir de Dieu ; en ce que par sa mort nous avons été rachetez de la condamnation de la mort, & delivrez de la perdition; en ce que nous avons été adoptez en lui par le Pere céleste, pour être ses enfans & ses héritiers; en ce que nous avons été réconciliez à Dieu par son sang; en ce qu'ayant été mis sous sa sauvegarde nous ne sommes plus en danger de périr & de tomber ; en ce qu'étant in-
cor-

Ephes. 1. 4. Coloss. 1. 14. 19. 20.

Jean 10 28.

corporez à lui, nous sommes déja en quelque sorte participans de la vie éternelle étant entrez dans le Royaume de Dieu, par nôtre espérance. Ce n'est pas tout. Nous avons encore nôtre fondement en Jesus Christ, en ce que du moment que nous sommes entrez en communion avec lui; quoi que nous soyons encore insensez en nous-mêmes, il est nôtre sagesse devant Dieu; quoi que nous soyons pécheurs, il est nôtre justice; quoi que nous soyons remplis de souillures, il est nôtre pureté; quoi que nous soyons

soyons foibles, sans armes, & exposez aux embuches du Diable, il est nôtre force, étant faits participans de *la puissance qui lui a été donnée au Ciel & en terre, pour briser Satan sous nos pieds*, & rompre les portes de l'enfer. Nous avons nôtre fondement en Jesus Christ ; en ce que quoi que nous portions encore un corps mortel, il est nôtre vie. En un mot, en ce que quoi que nous n'ayons rien, tout ce qu'il posséde est à nous, & que nous avons toutes choses en lui. Il faut donc que ce soit sur ce fondement que nous soyons

Matth. 28. 18.
Rom. 16. 20.

yons édifiez, si nous voulons *croître, pour être un Temple saint au Seigneur.*

<small>Ephes. 2. 21.</small>

VI. Mais la doctrine qui est enseignée dans le monde sur cette matiére est depuis long temps bien différente de celle-ci. On a inventé je ne sçai quelles œuvres morales, par lesquelles on prétend que les hommes sont agréables à Dieu, avant qu'ils soient incorporez à Jesus Christ. Comme si l'Ecriture disoit un mensonge, lors qu'elle dit, que tous ceux qui n'ont point le fils sont en la mort. S'ils sont en la mort, comment pourroient-

<small>1. Jean 5. 12.</small>

roient-ils engendrer matière de vie ? Comme si ces paroles ne signifioient rien ; que *tout ce qui est sans la foi est péché.* Comme, en un mot, si d'un mauvais arbre il pouvoit sortir de bons fruits. Et qu'est-ce qu'ont laissé à Jesus Christ ces pernicieux Sophistes, en quoi ce divin Sauveur puisse démontrer sa vertu ? Ils disent qu'il nous a mérité la première grace, c'est à dire, l'occasion de mériter, & que maintenant c'est à nous à ne laisser point perdre cette occasion qui nous est offerte. O impudence extrême de l'impiété ! Qui eût at-

Rom. 14. 23.

Traité de la

attendu que des Chrétiens eussent si fort dépouillé Jesus Christ de sa vertu, que peu s'en faut qu'ils n'ayent la hardiesse de le fouler aux pieds ? L'Ecriture lui rend par tout ce témoignage, que tous ceux qui croyent en lui sont justifiez, & ceux-ci enseignent qu'il ne nous procure autre bien que celui d'ouvrir le chemin à tous, afin qu'ils se justifient eux-mêmes. Plût à Dieu qu'ils pussent goûter ce que signifient ces paroles ; *que celui* *qui a le fils de Dieu a la vie ;* *que celui qui croit, est passé de* *la mort à la vie ; qu'ayant été*

1. Jean 5. 12.
Jean 5. 24.
Tite 3. 7.

jus-

justifiez par sa grace ; nous sommes héritiers de la vie éternelle ; que les fidelles ont Jesus Christ habitant en eux, par lequel ils sont joints à Dieu ; qu'ils sont participans de sa vie ; qu'ils sont assis avec lui dans les lieux célestes ; qu'ils sont déja transportez dans le Royaume de Dieu; qu'ils ont obtenu le salut ; & plusieurs autres de cette nature dont le nombre seroit infini. Car elles ne signifient pas que nous ayons par la foi en Jesus Christ le moyen d'aquerir la justice, ou seulement le salut, elles signifient que celui qui croit ob-

Rom. 3. 23.
1. Jean 3. 24.
Ephes. 2. 6.
Coloss. 1. 13.

obtient l'un & l'autre. En effet, dés que nous sommes incorporez à Jesus Christ par la foi, nous sommes faits dans ce moment-là enfans de Dieu; héritiers du Ciel; participans de la justice; nous entrons en possession de la vie; & afin de mieux découvrir leurs mensonges, nous n'avons pas seulement l'occasion de mériter, nous avons même obtenu tous les mérites de Jesus Christ, car ils nous sont communiquez.

VII. C'est ainsi que les Ecoles de Sorbonne, qui sont les meres de toutes les erreurs, nous ont ôté la Justification

cation par la foi, en laquelle toute la piété est renfermée. Elles confessent bien, à la vérité, *que l'homme est justifié par la foi formée*, ce sont leurs paroles : mais en s'expliquant elles disent en suite, que c'est toutefois par les bonnes œuvres, & cela parce que les bonnes œuvres tirent de la foi la vertu qu'elles ont de justifier. Tellement qu'il semble qu'elles ne parlent de la foi que par dérision, n'ayant pû s'empêcher d'en dire quelque chose, sans faire paroître une trop grande envie contre l'Ecriture, qui en fait mention

tion si souvent. Et comme si ce n'étoit pas assez, ces mêmes Ecoles en parlant de l'excellence des bonnes œuvres dérobent encore à Dieu dans cette occasion, une partie de la gloire qui lui appartient, afin de la transférer à l'homme. Car voyant que les bonnes œuvres ne peuvent contribuer que très-peu à élever ce même homme, & qu'à proprement parler, on ne peut pas dire qu'elles soient méritoires, si on convient que ce sont des fruits de la grace de Dieu, elles les font procéder des forces du Franc-Arbitre, ce qui

qui est supposer une chose absolument impossible. J'avouë qu'elles ne nient pas que la grace n'en soit la principale cause, mais cependant elles n'en veulent pas exclurre le Franc-Arbitre, d'où elles prétendent que procéde tout mérite. Et ce n'est pas seulement la doctrine des nouveaux Sophistes, c'est même celle de leur Maître des Sentences qu'on doit regarder comme leur Pythagore, quoi qu'en comparaison des autres il soit vrai de dire qu'il est sobre & fort modéré. Certes il faut demeurer d'accord que ça

Senten.
Liv. 2.
Distin.
28.

été

été en ce Docteur un aveuglement dont on ne sçauroit être assez surpris, de n'avoir pas vû dans S. Augustin, lui qui l'a si souvent dans la bouche, quelles sont les précautions que prend ce saint Personnage, pour empêcher que l'homme ne prenne occasion de s'attribuer la moindre ombre de gloire, à l'égard de ses bonnes œuvres. Nous avons déja cité sur cette matiére, en disputant du Franc-Arbitre, quelques témoignages de ce Pere de l'Eglise, & on en peut trouver dans ses Ecrits une infinité de semblables,

com-

comme lors qu'il nous défend de ne nous vanter jamais de nos mérites, parce que ce sont des dons de Dieu, & lors qu'il écrit ; *que tout nôtre mérite procéde uniquement de la grace ; que nous ne l'aquerons pas par nôtre suffisance; & que tout se fait par la grace.* Il y a plusieurs autres endroits de cette nature. Mais si l'on doit être surpris de ce que ce Docteur a été si aveugle dans la lecture des Ecrits de S. Augustin, il y a peu de sûjet de l'être de ce qu'il ne l'a pas moins été dans celle de l'Ecriture sainte, à laquelle il

S. Aug. Sur le Pseau. 144. Epit. 105.

paroît qu'il s'étoit bien moins attaché. Cependant on ne sçauroit rien desirer de plus clair contre lui & contre ses Disciples, que ce que dit S. Paul dans une de ses Epîtres, où aprés avoir défendu aux Chrêtiens de se glorifier, il en allégue d'abord cette raison : *Car nous sommes*, dit-il, *l'ouvrage de Dieu, étant créez en Jesus Christ à bonnes œuvres afin que nous y cheminions.* Puis donc qu'il ne procéde de nous aucun bien, qu'entant que nous sommes régénérez, & que nôtre régénération est toute de Dieu, sans nul-

Ephes. 2. 10.

Iustification.

nulle exception ; nous ne pouvons sans sacrilége nous attribuer la moindre loüange, à l'égard de nos bonnes œuvres. Enfin, bien que ces Sophistes ne parlent continuellement que des œuvres, ils réduisent néanmoins les consciences en un tel état par les dogmes qu'ils établissent, qu'elles n'oseroient jamais s'assurer que Dieu soit propice & favorable à leurs œuvres. Et nous au contraire, quoi que nous ne fassions aucune mention de mérite, nous relevons le courage des fidelles, par nôtre doctrine, & les remplissons de consolation, tandis que nous leur enseignons qu'ils seront agréables à Dieu en leurs œuvres, & qu'ils seront acceptez infailliblement. Il y a bien plus, car nous exigeons que nul n'essaye, ou ne commence aucune œuvre, qu'il n'ait premiérement la foi, c'est à dire, qu'il ne soit persuadé auparavant en son cœur par une pleine confiance qu'il plaira à Dieu.

VIII. Voila pourquoi ne souffrons jamais qu'on nous détourne le moins du monde, de cet unique fondement sur lequel, aprés qu'il a été posé une fois, un sage Architecte, reété, peut édifier à propos & par ordre. Car soit qu'il ait besoin d'instruire, ou de faire des exhortations, il n'a qu'à mettre devant les yeux de ceux pour l'édification desquels il travaille; *que le Fils de Dieu est apparu, afin qu'il défît les œuvres du Diable, & que ceux qui sont de Dieu ne pechent point; que le temps passé nous doit avoir suffi pour avoir accompli la volonté des Gentils, & que les Elûs de Dieu sont des vaisseaux de miséricorde, separez à honneur, qui doivent être purifiez de toute souillure.* Mais on peut dire

1. Jean 3. 8.
1. Pierre 4. 3.
2. Tim. 2. 20.

re tout en un seul mot, en representant, que Jesus Christ veut que ses Disciples soient tels, *qu'ayant renoncé à eux-mêmes & ayant chargé sur eux leur croix ils le suivent.* Celui qui a renoncé à soi-même a coupé la racine de tous les maux, tellement qu'il ne cherche plus à se complaire. Celui qui a chargé sur soi sa croix, s'est disposé à souffrir tout avec patience & avec douceur. Et l'exemple de Jesus Christ renferme non seulement toutes ces choses, mais généralement tous les devoirs de la piété & de la sainteté. Il a été

Luc 9. 23.

Iustification. 379

été obéissant à son pere jusques à la mort. Il s'est appliqué entiérement à faire les œuvres de Dieu. Il n'a eu rien tant à cœur que d'exalter la gloire de son Pere. Il a donné son ame pour ses freres. Il a rendu le bien pour le mal à ses ennemis & a prié pour eux. Que si un serviteur de Dieu a besoin de départir des consolations, il en peut départir de merveilleuses. *Nous sommes oppressez en toutes sortes*, peut-il dire avec S. Paul, *mais non point réduits entiérement à l'étroit; nous sommes en perplexité, mais non pas destituez;*

Philip. 2. 8

2. Cor. 4. 8.

nous

Traité de la

nous sommes persécutez, mais non pas abandonnez : nous sommes abattus, mais non pas perdus. Nous portons toûjours par tout en nôtre corps la mortification du Seigneur Iesus, afin que la vie de Iesus soit aussi manifestée en nôtre corps. Cette parole est certaine, que si nous mourons avec Iesus Christ, nous vivrons aussi avec lui, & que si nous souffrons avec lui, nous régnerons aussi avec lui. Nôtre conversation est celle des bourgeois des Cieux, d'où nous attendons le Sauveur qui transformera nôtre corps vil, afin qu'il soit rendu conforme

2. Tim. 2. 11.

Philip. 3. 20.

forme à son corps glorieux. Car ceux que Dieu a connus auparavant il les a aussi prédestinez à être rendus conformes à l'image de son Fils, afin qu'il soit le premier né entre plusieurs freres. Enfin, nous sommes assurez, que ni la mort, ni la vie, ni les choses presentes, ni les choses à venir, ni aucune créature ne nous séparera de la dilection de Dieu qu'il nous a montrée en Iesus Christ nôtre Seigneur, & qu'au conttaire toutes choses nous tourneront en bien & à salut. Suivant cette doctrine, nous ne justifions pas l'homme devant

Rom. 8
28. 37.
38.

vant Dieu par les œuvres, mais nous disons que tous ceux qui sont de Dieu sont régénérez & faits nouvelles créatures, afin que du Royaume du péché ils passent au Royaume de la justice; que par ce témoignage ils affermissent leur vocation; & qu'ils soient jugez par leurs fruits.

CHAPITRE VI.

Réfutation des Calomnies par lesquelles on tâche de rendre odieuse cette doctrine.

Cela seul que nous avons dit pourroit suffire pour confondre l'impudence de ceux qui nous accusent malicieusement d'anéantir les bonnes œuvres & d'empêcher les hommes de les pratiquer, sous ombre que nous disons que ce ne sont pas les œuvres qui les justifient, & qu'ils ne méritent point le salut;

salut ; & qui outre cela nous reprochent avec la même malignité, que nous nous faisons un chemin à la justice un peu trop facile, en ce que nous enseignons que la Justification consiste dans la rémission gratuite des péchez: attrait, disent-ils, par lequel les hommes se trouvent incitez en quelque maniére à suivre le panchant naturel qu'ils n'ont que trop à faire le mal. Cela seul, dis-je, que nous avons dit pourroit suffire pour réfuter ces deux calomnies. Je répondrai toutefois succinctement à l'une & à l'autre. Ce qu'ils allèguent pour

pour prétexte est que les œuvres ne peuvent être qu'abolies, du moment qu'on pose qu'on n'est justifié que par la foi. Je remets à une autre fois à dire quels sont ces zélateurs des bonnes œuvres qui nous diffament de cette maniére, & s'il sied bien à des gens qui corrompent toute la terre par leur vie licencieuse & débordée de nous faire un semblable outrage. Ils feignent d'avoir une douleur sensible, de ce qu'en élevant la foi avec tant d'éclat, nous abaissons en même temps les œuvres. Et qu'en arriveroit il cependant quand nous les abaisserions moins, ou que nous les releverions davantage? Car nous ne nous imaginons pas une foi morte, ou une Justification qui puisse subsister sans les bonnes œuvres: mais voici la différence que nous mettons, c'est que bien que nous demeurions d'accord que la foi & les bonnes œuvres sont unies entr'elles nécessairement, nous faisons toutefois consister la Justification en la foi, & non pas aux œuvres. Et il n'est pas difficile d'expliquer d'abord quelle est la raison sur laquelle nous nous fondons,

pour-

pourvû que nous nous tournions vers Jesus Christ, auquel nôtre foi doit être rapportée, & duquel elle tire toute sa vertu. En effet, comment sommes-nous justifiez par la foi ? C'est parce que par la foi nous obtenons la justice de Jesus Christ, laquelle seule nous réconcilie à Dieu. Or il est impossible d'obtenir cette justice qu'on n'obtienne au même temps la sanctification, car Jesus Christ *a été fait en nous sagesse, justice, sanctification & rédemption.* D'où il s'ensuit que Jesus Christ ne justifie personne, que dans le

1. Cor. 1. 30.

moment il ne le sanctifie aussi. Ce sont ici des bénéfices qui sont joints ensemble par un lien perpétuel & indissoluble, c'est que ceux que Jesus Christ illumine par sa sagesse, il les rachete; que ceux qu'il rachete, il les justifie; & que ceux qu'il justifie, il les sanctifie. Mais parce que c'est de la justice & de la sanctification dont il est question seulement, il faut que nous y insistions. Encore donc que nous les distinguions entr'elles, cependant Jesus Christ les renferme en soi inséparablement. Voulons-nous donc obtenir la justice

justice en Jesus Christ? Il faut que nous possédions Jesus Christ auparavant. Or il est impossible que nous le possédions que nous ne soyons faits participans de sa sanctification, car il ne peut pas être divisé. Puis donc qu'il est certain que le Seigneur ne nous accorde jamais la jouïssance de ces bénéfices qu'en se donnant lui-même, il faut donc nécessairement qu'il nous les distribuë tous deux ensemble & jamais l'un sans l'autre. Ainsi paroît évidemment combien il est vrai de dire, que nous ne sommes pas justifiez sans

sans les œuvres, quoi que ce ne soit pas par les œuvres que nous sommes justifiez, parce que la sanctification n'est pas moins renfermée que la justice, dans la participation de Jesus Christ, par laquelle nous sommes justifiez.

II. Ce qu'ils ajoûtent est encore trés-faux, que nous détournons le cœur des hommes du desir de faire le bien, en ce que nous tâchons de les détourner de l'opinion qu'ils peuvent avoir qu'on doit s'appuyer sur les œuvres. Il faut que le Lecteur prenne garde ici en pas-

Iustification.

passant, que ceux qui nous font cette accusation raisonnent trés-mal, en voulant conclurre de la récompense au mérite, comme je l'expliquerai plus clairement dans la suite, parce qu'ils ignorent ce principe, que Dieu n'est pas moins libéral lors qu'il récompense les œuvres, que lors qu'il donne le moyen & la faculté de les faire. Mais on parlera de cela en son lieu. Maintenant il suffira de faire voir combien foible est leur objection, ce que nous ferons en deux maniéres. Premiérement, quant à ce qu'ils disent, qu'on ne prendroit

aucun soin de vivre d'une maniére réglée, si l'on n'y étoit excité par la récompense qu'on attend, c'est une erreur des plus grossiéres. Car si les hommes ne servoient Dieu que par ce seul motif, & que par maniére de dire ils lui fissent acheter leurs œuvres, il leur en reviendroit peu de profit. Dieu veut être servi sans qu'on ait en vûë aucun intérêt. Il veut être aimé sans qu'on prétende aucun salaire. Et il approuve ce serviteur qui ne laisseroit pas de le servir, quand toute espérance d'être récompensé lui seroit entiérement
ment

ment ôtée. Cependant, si les hommes doivent être excitez à bien faire on ne sçauroit leur mettre devant les yeux des motifs qui soient de plus puissans éguillons, que ceux qui sont pris de la fin de leur rédemption & de leur vocation. C'est ce que fait même la parole de Dieu, lors qu'elle dit, qu'il y auroit trop d'ingratitude à n'aimer point celui *qui nous a aimez le premier*; Lors qu'elle dit, *que nos consciences doivent être purifiées, des œuvres mortes, par le sang de Christ, pour servir le Dieu vivant*; & que ce seroit le dernier

1. Jean 4. 10. 19.

Hebr. 4. 14.

Traité de la

dernier des sacriléges, si nous venions à fouler aux pieds le Fils de Dieu & à tenir pour une chose profane le sang de l'alliance par lequel nous avons été sanctifiez ; Hebr. 10. 29.

Lors qu'elle dit, que nous sommes delivrez de la main de nos ennemis, afin que nous servions Dieu sans crainte, en sainteté & justice, devant lui, tous les jours de nôtre vie ; Luc 1. 74. 75.

que nous avons été affranchis du péché, pour devenir esclaves de la justice ; que nôtre vieil homme a été crucifié, afin que nous ressuscitions en nouveauté de vie, & que si nous sommes morts avec Rom. 6. 18. 4. 6.

Iustification.

avec Christ, nous devons comme il est convenable à ses membres, *chercher les choses qui sont en haut*, & dans nôtre pelerinage en ce monde n'aspirer qu'au ciel, là où est nôtre tresor; Lors qu'elle dit, *que la grace de Dieu est apparuë, nous enseignant que renonçant à l'impiété & aux convoitises du monde, nous vivions en ce present siécle, sobrement, justement & religieusement, attendans la bien-heureuse espérance & l'apparition de la gloire du grand Dieu, & Sauveur; que Dieu ne nous a pas destinez pour la colére,* Coloss. 3. 1.

Tite 2. 11. 12. 13.

1 Thess. 5. 9.

mais

mais pour l'acquisition du salut, par nôtre Seigneur Jesus Christ ; que nous sommes les Temples du S. Esprit, lequel il n'est pas permis de profaner ; que nous ne sommes plus tenebres, mais lumiére au Seigneur, qu'ainsi nous devons cheminer comme des enfans de lumiére ; que Dieu ne nous a point appellez à la soüillure, mais à la sanctification ; que c'est ici la volonté de Dieu, sçavoir, nôtre sanctification, afin que nous nous abstenions de desirs illicites ; que puisque nôtre vocation est sainte, nous n'y pouvons répondre que par

1. Cor. 3. 16.
2. Cor. 6. 16.
Ephes. 2. 21. 5. 8.
1 Thess. 4. 3. 7.
1. Pier. 1. 15.

par la pureté de nôtre vie, & que nous avons été affranchis du péché, pour obéir à la justice. Y a-t-il de motif plus vif pour nous inciter à la charité que celui qu'employe S. Jean. *En ceci, dit-il, est la charité, non point que nous ayons aimé Dieu, mais parce que lui nous a aimez: Bien-aimez, si Dieu nous a aimez ainsi, nous nous devons aussi aimer l'un l'autre. Par ceci sont manifestez les enfans de Dieu & les enfans du Diable, les enfans de lumiére & les enfans de tenebres, quiconque n'aime point son frere n'est point de Dieu.*

Rom. 6. 18.

1. Jean 4. 10. 11.

1. Jean 2. 11.

1. Jean 3. 10.

Y en

Y en a-t-il de plus puissant que celui qu'employe S. Paul, lors qu'il dit, que si nous sommes joints au Seigneur nous sommes membres d'un même corps, & qu'ainsi il nous faut appliquer mutuellement à nous aider les uns les autres? Y a-t-il de plus forte exhortation pour nous porter à la sainteté, que ce que dit encore S. Jean; *Quiconque a cette espérance en Dieu, se purifie, comme aussi Dieu est pur?* Que ce que dit S. Paul; *Or donc, bien-aimez, puis que nous avons de telles promesses, nettoyons-nous de tou-*

1. Cor. 6. 15. 17. 12. 12.

1. Jean 3. 3.

2. Cor. 7. 1.

toute souillure de chair & d'esprit ? Et que ce que dit Jesus Christ lui-même, lors qu'il se propose pour modelle, afin que nous suivions ses traces ?

III. J'ai voulu alléguer comme pour montre ce peu de Passages, car si je les voulois tous ramasser il faudroit faire un gros volume. Les Ecrits des Apôtres sont tous remplis d'admonitions, d'exhortations, & de répréhensions, dans la vûë que l'homme de Dieu soit instruit à toute bonne œuvre; & jamais il n'y est fait mention des mérites. Au contraire la plû-

plûpart de leurs remontrances sont prises de ce que nôtre salut dépend de la seule miséricorde de Dieu, sans que nous ayons rien mérité, comme fait S. Paul, qui aprés avoir enseigné dans toute l'Epître aux Romains, que nous n'avons nulle espérance de vie qu'en la justice de Jesus Christ, s'écrie enfin, quand il en vient aux admonitions ; *Je vous exhorte donc, mes freres, par les compassions de Dieu, que vous presentiez vos corps en sacrifice vivant.* Et certes cette seule raison nous devroit suffire, pour nous obliger à vivre

Rom. 12. 1.

vivre de telle maniére, que Dieu fût glorifié en nous. Et s'il s'en trouve qui n'ayent pas à cœur la gloire de Dieu avec cette ardeur véhémente qui est absolument nécessaire, la mémoire de tant de bienfaits est un motif très-suffisant pour les exciter à faire le bien. Mais parce que ceux qui nous accusent arrachent du peuple, quelques œuvres serviles & forcées; en exaltant les mérites; en un mot, parce que nous ne suivons pas la même voye qu'ils suivent, ils avancent faussement que nous n'avons aucun motif pour exhorter

Chrys. Homel. sur la Genese 261.

aux

aux bonnes œuvres: comme si Dieu prenoit plaisir à un tel culte, lui qui déclare *qu'il aime celui qui donne gayement*, & qui défend que si on lui offre quelque chose ce soit, *ni à regret, ni par contrainte*. Je ne prétens pas dire pourtant que je rejette, ou que je méprise cette manière d'exhorter dont l'Ecriture, qui n'oublie rien pour nous animer à bien faire, se sert si souvent, en nous proposant la récompense que Dieu rendra à chacun selon ses œuvres. Mais je nie qu'il n'y en ait point d'autre & que ce soit la principale.

D'ail-

2. Cor. 9. 7.

D'ailleurs, je ne demeure pas d'accord qu'il faille commencer par-là. Je soûtiens encore que cette maniére d'exhorter ne sçauroit contribuer à élever les mérites au degré où nos adversaires les élevent, comme nous le verrons dans la suite. Enfin, je dis qu'elle ne profiteroit même de rien, à moins qu'on ne fût convaincu auparavant, que nous sommes justifiez par le seul mérite de Jesus Christ, auquel nous participons par la foi, & nullement par le mérite de nos œuvres: car nul ne peut être disposé comme il faut pour l'étude de la sainteté, qu'il n'ait été premiérement instruit dans cette doctrine. C'est ce que le Prophete enseigne trés-bien, lorsqu'il dit, en s'adressant à Dieu; *Il y a pardon par devers toi, afin que tu sois craint*: car il fait voir que les hommes ne peuvent servir Dieu, que premiérement ils ne connoissent sa miséricorde qui est l'unique fondement du culte & des hommages qu'ils lui rendent. Ce qui est trés-digne d'être remarqué, afin que nous sçachions que la confiance que nous avons en la miséricorde de Dieu n'est

Pseau. 130. 4.

n'est pas seulement le principe du véritable service qu'on lui doit rendre, mais que la crainte de Dieu, que ceux de la Communion Romaine veulent être méritoire ne peut être censée l'être, par cette raison qu'elle est fondée sur le pardon & la rémission des péchez.

IV. Quant à l'accusation qu'on nous fait, que nous encourageons les hommes à mal faire, en établissant la rémission gratuite des péchez sur laquelle nous soûtenons que nôtre justice est fondée, c'est une calomnie qui ne sçauroit être plus frivole.

vole. Car nous disons que la rémission des péchez est d'un si grand prix, qu'elle ne sçauroit être compensée par aucun bien que nous puissions faire, & que par conséquent nous ne l'obtiendrions jamais si elle n'étoit gratuite. Mais si nous disons qu'elle est gratuite à nôtre égard, nous ne disons pas qu'elle le soit à l'égard de Jesus Christ, à qui elle a tant couté, puis qu'elle lui a couté son sacré & précieux sang, qui étoit le seul prix par lequel la justice de Dieu pouvoit être satisfaite. Lors qu'on enseigne ces choses aux hommes, on les

les avertit qu'il ne tient pas à eux que ce sang précieux ne soit répandu encore toutes les fois qu'ils péchent. Outre cela, on leur represente que nôtre soüillure est telle, qu'elle ne sçauroit être effacée que dans ce sang, qui est une source trés-pure, où nous devons être lavez. Ceux qui entendent ces choses ne doivent-ils pas avoir une plus grande aversion pour le péché, que si on leur disoit qu'ils peuvent être nettoyez par l'aspersion de leurs bonnes œuvres. Et s'ils ont quelque crainte de Dieu, comment n'ont-ils pas horreur, aprés avoir été une fois purifiez, de se veautrer encore dans leurs soüillures, pour troubler & infecter entant qu'en eux est, la pureté de cette source ? *J'ai lavé mes pieds*, dit l'ame fidelle dans le Cantique des Cantiques, *comment les soüillerois-je ?* Il est maintenant aisé de voir qui sont ceux qui rendent la rémission des péchez plus vile, & qui font le moins de cas de l'excellence de la justice. Nos adversaires prétendent ridiculement que Dieu peut être appaisé par je ne sçai quelles satisfactions frivoles qui ne peuvent être re-

Cantiq. 5. 3.

regardées, que comme si c'étoit de la bouë : & nous disons que nos péchez sont trop énormes pour pouvoir être expiez par si peu de chose ; que Dieu est trop irrité contre nous, pour se pouvoir contenter de ces satisfactions de néant ; & que c'est une prérogative qui n'appartient qu'au sang de Jesus Christ, qui peut seul expier nos crimes & appaiser la colére divine. Ils disent que si nôtre justice a quelques defauts, ces defauts peuvent être réparez par des œuvres satisfactoires : & nous croyons que cette justice est

quel-

quelque chose de si précieux, qu'elle ne sçauroit être compensée par aucune de nos bonnes œuvres, & que pour l'obtenir il faut avoir recours à la seule miséricorde de Dieu. Nous allons traiter dans le Chapitre suivant les autres choses, qui regardent la rémission des péchez.

CHAPITRE VII,

La conciliation des promesses de la Loi, & de l'Evangile.

Continuons maintenant à examiner les autres raisons par lesquelles le Diable s'efforce par l'organe de ses Satellites de détruire, ou de diminuer la Justification par la foi. Je pense que nous avons ôté deformais tout prétexte à nos calomniateurs de nous regarder comme les ennemis des bonnes œuvres. Car si nous nions que

que les bonnes œuvres justifient, nous n'avons pas pourtant la pensée d'en interdire la pratique, comme si cette pratique étoit mauvaise ; nous disons qu'elle est bonne & nécessaire. Mais la fin que nous nous proposons est d'empêcher qu'on ne se confie aux œuvres, qu'on ne s'en glorifie, & qu'on ne leur attribuë le salut. Voici qu'elle est nôtre confiance, nôtre gloire, & la seule ancre de nôtre salut, c'est que Jesus Christ le Fils de Dieu est nôtre, & que nous sommes en lui pareillement enfans de Dieu & héritiers du Royaume me céleste, étant appellez à l'espérance de la vie éternelle par un éfet de la miséricorde, & nullement par nôtre mérite. Mais comme ce ne sont pas les seuls coups que les adversaires nous portent, ainsi que j'ai dit, il faut continuer à les repousser & à renverser toutes leurs machines. Premiérement ils reviennent aux promesses légales que Dieu a faites à ceux qui observeront sa Loi, & ils demandent si nous croyons qu'elles soient absolument vaines, ou qu'elles soient de quelque efficace. Or parce que ce seroit soûtenir un sentiment

timent contradictoire & absurde que de dire que ces promesses soient absolument inutiles, ils supposent comme une chose incontestable qu'elles sont donc de quelque efficace: & de-là ils inférent que nous ne sommes pas justifiez par la seule foi. Car c'est ainsi que le Seigneur parle: *Et il arrivera, parce que vous aurez ouï ces droits, & les aurez gardez & faits, que l'Eternel ton Dieu te gardera l'Alliance & la gratuité qu'il a jurée à tes peres, & qu'il t'aimera, te benira, & te multipliera.* Et ailleurs ;

Deuter. 7. 12. 13.

Amen-

Justification. 415

Amendez à bon escient vos voyes & vos actes, & vous adonnez à faire droit à ceux qui plaident l'un contre l'autre ; ne faites point de tort à l'étranger, & ne cheminez point après les Dieux étranges. Alors je vous ferai habiter en ce lieu-ci, depuis un siécle jusqu'à l'autre siécle. Ecoutez ma voix & je serai vôtre Dieu. Je ne veux pas alléguer une infinité d'autres promesses de cette nature; ce seroit une chose inutile, parce qu'elles peuvent étre expliquées, à mesure qu'on expliquera les autres, n'étant point différentes, à l'é-

Jerem. 7. 5. 6. 7. 23.

l'égard du sens. Je dirai néanmoins que Moyse y dit en substance que la Loy *propose la bénédiction & la malédiction, la vie & la mort.* Voici donc de quelle manière ils raisonnent. Ils disent qu'il faut nécessairement, ou que cette bénédiction soit oiseuse & infructueuse, ou que ce ne soit pas par la seule foi que l'homme soit justifié. Nous avons fait voir déja ci-dessus, que si nous demeurons en la Loi nous sommes privez de toute bénédiction, & qu'en même temps les malédictions qui sont prononcées contre ceux qui ne

Deuter. 11. 26. 30. 15.

Justification.

ne l'observent pas sont prêtes à tomber sur nous : car le Seigneur ne promet rien qu'à ceux qui l'observent parfaitement, & il ne se trouve personne qui le puisse faire. Ceci donc demeure constant, que tout le genre humain est convaincu par la Loi d'être sujet à la malédiction, & à la colére de Dieu, & que nous n'en pouvons être delivrez, qu'en nous delivrant de la puissance de la Loi, & en sortant comme de la servitude pour entrer dans la liberté : non pas cette liberté charnelle, qui nous dispensant de l'observation de

D d la

la Loi nous incite à vivre dans la licence, & qui ayant rompu toutes les barriéres, & lâché la bride à nos convoitises nous permet de nous abandonner aux plus infames déportemens, mais cette liberté spirituelle, qui console & qui affermit la conscience troublée & épouvantée, en lui faisant voir qu'elle est delivrée de la malédiction & de la condamnation, qui étoient comme des fers dans lesquels la Loi la tenoit, & sous la pesanteur desquels elle étoit entiérement accablée. Voila quelle est la delivrance, de la servitude

vitude de la Loi, ou pour mieux dire, voila quel est l'affranchissement que nous obtenons, lors que nous embrassons par la foi la miséricorde de Dieu en Jesus Christ, par laquelle nous avons des preuves certaines & assurées de la rémission de nos péchez, que la Loi nous faisoit sentir, & du sentiment desquels nous étions piquez & déchirez en nos consciences.

II. Par cette raison, les promesses mêmes qui nous étoient offertes dans la Loi seroient sans efficace & absolument inutiles, si la bonté de Dieu n'y eût remédié par l'Evangile. Car cette condition par laquelle Dieu exige que nous accomplirons la Loi, qui est la clause dont elles dépendent & sur laquelle elles sont uniquement fondées, est une condition absolument impossible. Ainsi lors que Dieu dans cette occasion nous prête son secours & son assistance, ce n'est pas en nous laissant une partie de la justice que nous avons aquise par nos œuvres, & en suppléant par sa miséricorde à ce qui nous manque, mais c'est en nous donnant Jesus Christ, qui ayant seul accompli

compli la Loi est aussi lui seul nôtre justice. En effet, l'Apôtre ayant dit que lui & les autres Juifs, *sçachans que l'homme n'est pas justifié par les œuvres de la Loi avoient crû en Jesus Christ*, n'insinuë pas qu'ils fussent aidez par la foi en Jesus Christ à obtenir la perfection de la justice : mais voici ce qu'il ajoûte : *afin*, dit-il, *que nous fussions justifiez par la foi de Christ, & non point par les œuvres de la Loi*. Si les fidelles abandonnent la Loi, & qu'ils ayent recours à la foi pour trouver en elle la justice que la Loi ne pouvoit don-

Galat. 2. 16.

donner, c'est une marque évidente qu'ils renoncent à la justice de la Loi. Qu'on exagére donc maintenant autant qu'on voudra les récompenses qui sont promises à ceux qui observent la Loi, pourvû qu'en même temps on considére que nôtre malice est la cause que nous n'en recevons aucun fruit, jusqu'à-ce que par le moyen de la foi nous ayons obtenu une autre justice.

Pseau. 15. Aussi le Prophete David n'a pas plûtôt fait mention de la récompense que Dieu prépare à ses serviteurs, qu'il vient à l'examen de ses péchez,

chez, par lequel cette récompense est anéantie. Semblablement aprés avoir exalté, d'une maniére magnifique dans le Pseaume dix-neuviéme les avantages qui procédent de la Loi, comme on le peut voir en lisant le verset douziéme de ce Pseaume & ceux qui suivent, il s'écrie incontinent, *Qui est celui qui connoît ses fautes commises par erreur ? Purge-moi, Seigneur, des fautes cachées.* Et à ces paroles se trouvent entiérement conformes celles qui se lisent dans le Pseaume vingt-cinquiéme. Car aprés avoir dit;

Pseau. 19. 13.

Pseau. 25. 10. 11.
que tous les sentiers de l'Eternel sont gratuité & verité, à ceux qui gardent son alliance & ses témoignages, voici ce qu'il ajoûte d'abord; *Pour l'amour de ton Nom, Eternel, tu me pardonneras mon iniquité, quoi qu'elle soit grande*. Il faut donc reconnoître, qu'à la verité, la bien-veillance de Dieu nous est promise dans sa Loi & que nous l'obtiendrions, si nous la pouvions mériter par nos œuvres, mais en même temps il faut demeurer convaincus qu'il est absolument impossible que nous l'obtenions par ce moyen-là. III.

III. Quoi donc? Est-ce que les promesses légales ont été données en vain & pour ne produire aucun fruit? J'ai protesté déja que ce n'est pas là ma pensée, mais je dis que nous n'en sçaurions ressentir l'efficace tandis que nous les regarderons par rapport au mérite des œuvres, & que si elles sont considérées en elles-mêmes elles sont en quelque maniére anéanties. Ainsi l'Apôtre nous enseigne que cette excellente promesse; *Vous garderez mes statuts & mes ordonnances, lesquelles si l'homme accomplit il vi-vra*

Levit. 18. 5.
Ezech. 20. 11.

vra par elles, n'est de nulle importance, si nous nous y arrêtons uniquement, & qu'elle nous seroit aussi peu profitable que si elle n'eût pas été donnée, parce qu'il est certain qu'elle n'a pas même en vûë les plus saints serviteurs de Dieu, qui bien loin d'être en état d'accomplir la Loi, la transgressent à tous momens en mille maniéres. Mais lorsque les promesses Evangéliques, qui annoncent la rémission gratuite des péchez sont mises à la place des promesses légales, alors nous devenons agréables à Dieu; nos œuvres

vres mêmes le deviennent; & non seulement en vertu de ces promesses de l'Evangile le Seigneur accepte nos œuvres, mais outre cela il les accompagne des bénédictions qu'il avoit promises par son alliance à ceux qui auroient accompli la Loi. Je confesse donc que les fidelles obtiennent par leurs œuvres la récompense que le Seigneur avoit promise dans sa Loi à ceux qui eussent été véritablement justes & véritablement saints: mais il faut regarder toûjours dans cette récompense quelles sont les causes qui attirent cette grace ce à leurs œuvres. Or je trouve qu'il y en a trois. La premiére est, que Dieu accepte ses serviteurs en Jesus Christ, sans avoir égard à leurs œuvres lesquelles de quelque côté qu'on les envisage méritent plûtôt des reproches que des loüanges, & qu'il est appaisé envers eux, sans le secours de ces mêmes œuvres, par le moyen de la seule foi. La seconde, que par un effet de sa bénignité & de son indulgence paternelle, il veut bien faire cet honneur à leurs œuvres que de les avoir en quelque considération, sans examiner si elles en font sont dignes. Enfin, la troisiéme, qu'il les reçoit miséricordieusement sans se souvenir des imperfections dont elles sont toutes si remplies, que ce seroient plûtôt des péchez que des vertus, n'étoit qu'il les regarde en sa grace. Et d'ici paroît combien se font illusion les Sophistes, qui croyent d'éviter les absurditez où ils tombent, en disant, que ce n'est pas par leur vertu intrinseque que les œuvres ont la force de mériter le salut, mais que c'est parce que Dieu s'est engagé de les estimer telles, par un effet de sa sa condescendance. Car ils n'ont pas pris garde combien les œuvres qu'ils prétendent être méritoires sont éloignées de la condition qui est requise par les promesses mêmes, à moins qu'on ne fasse précéder ces deux choses, la justification appuyée sur la seule foi; & la rémission des péchez, par laquelle il faut que les bonnes œuvres elles-mêmes soient nettoyées de leurs souillures. En effet, des trois causes de la libéralité divine, qui font que les œuvres des fidelles sont acceptées, ils n'en ont marqué qu'une seule, & ont supprimé mé les deux autres quoi que ce soient les deux principales.

IV. Ils allèguent ces paroles de S. Pierre que S. Luc rapporte dans le Livre des Actes; *En verité je reconnois que Dieu n'a point d'égard à l'apparence des personnes: mais qu'en toute nation celui qui le craint & s'adonne à la justice lui est agréable.* Act. 10. 34. 35. Et de là ils concluent comme une chose qui leur paroît ne pouvoir être révoquée en doute, que si l'homme s'acquiert la faveur de Dieu par le desir sincére qu'il a de faire le bien, son salut n'est pas l'ou-

l'ouvrage de la seule grace: mais que si Dieu est excité à compassion envers les pécheurs, il n'y est excité qu'à cause de leurs œuvres. Certes il seroit absolument impossible d'accorder l'Ecriture avec elle-même, si l'on ne consideroit en Dieu deux maniéres d'accepter l'homme. Car quant à ce que l'homme est de sa nature, Dieu ne trouve rien en lui qui le puisse émouvoir à miséricorde, excepté sa seule misére. Puis donc que c'est une chose qui ne sçauroit être contestée, que l'homme est dénué de tout bien &
adon-

adonné à toute sorte de mal, du premier moment que Dieu l'accepte, quelle qualité peut-on trouver en lui qui le rende digne de la vocation céleste? Que ce vain phantôme de mérites disparoisse donc, puis que Dieu célébre si hautement sa miséricorde gratuite. Ce qui est dit dans le même endroit à Corneille par la voix de l'Ange; *Tes oraisons & tes aumônes sont montées en mémoire devant Dieu*, ne signifie nullement ce qu'ils prétendent, quelque mauvais sens qu'ils s'efforcent de donner à ces paroles, pour prouver que l'hom-

Actes 10. 4.

l'homme est disposé par l'étude des bonnes œuvres à recevoir la grace de Dieu. Car il faloit nécessairement que Corneille eût été déja illuminé par l'esprit de Sagesse, puis qu'il possédoit la véritable Sagesse, qui est la crainte de Dieu ; il faloit nécessairement qu'il eût été déja sanctifié par le même Esprit, puis qu'il faisoit profession d'aimer la justice qui est le fruit de l'Esprit, selon le témoignage de l'Apôtre. Il avoit donc reçû de la grace de Dieu tout ce qui est rapporté que Dieu approuvoit en lui, tant s'en faut qu'il fût pré-

Galat. 5. 5.

préparé de soi-même à être fait participant de cette grace. Certes on ne sçauroit produire une seule parole de l'Ecriture, qui ne s'accorde avec cette doctrine; c'est que Dieu n'est excité à recevoir l'homme en son amour par aucune autre raison, que par celle-ci, qu'il le voit entiérement perdu, s'il est abandonné à soi-même : cependant, comme il ne veut pas qu'il périsse, il exerce sur lui sa miséricorde en le delivrant. Nous voyons donc que s'il est accepté, ce n'est pas à cause de sa justice, mais que c'est un pur témoignage de la bonté de Dieu envers de misérables pécheurs entiérement indignes d'un si grand bien-fait.

V. Or aprés que Dieu ayant retiré l'homme, de l'abîme de perdition, l'a séparé par sa grace pour l'adopter au nombre de ses enfans, & qu'en l'adoptant il l'a régénéré & réformé, afin qu'il chemine en nouveauté de vie, alors il l'accepte comme une créature nouvelle avec les dons de son Esprit : & c'est l'acceptation de laquelle parle S. Pierre, par laquelle les fidelles aprés leur vocation sont approuvez de Dieu,

Dieu, à l'égard même de leurs œuvres, parce qu'il ne se peut faire que Dieu n'aime les biens qu'il leur a conférez par son Esprit. Mais il faut se ressouvenir toûjours que ce n'est qu'à cet égard qu'ils sont agréables à Dieu, par rapport à leurs œuvres, c'est à dire, que parce qu'il les aime, il daigne bien encore par un surcroît de libéralité accepter les œuvres qu'il a lui-même produites en eux. En effet, d'où peuvent procéder leurs bonnes œuvres, que de ce que le Seigneur qui les a élûs pour être des vaisseaux à honneur, les veut orner en les purifiant? Et d'où peut procéder encore que ces œuvres soient réputées bonnes, comme s'il n'y avoit rien à redire, que parce que ce bon Pere ne prend point garde aux imperfections qui les accompagnent, & aux taches dont elles sont soüillées? En un mot, S. Pierre ne veut signifier autre chose dans cet endroit, sinon que Dieu approuve & qu'il aime ses enfans, parce qu'ils portent son image: car nôtre régénération est la réparation de l'image de Dieu en nous, comme nous l'avons fait

fait voir ailleurs. Or puis qu'il est certain que Dieu ne sçauroit qu'aimer & honorer son image, par tout où il la contemple, ce n'est pas sans raison qu'il est dit, que la vie des fidelles lui est agréable, lors qu'elle est formée sur la sainteté & sur la justice. Mais parce que les fidelles, tandis qu'ils sont environnez de leur chair mortelle sont encore pécheurs, & que leurs bonnes œuvres ne sont que commencées, en sorte qu'elles sont accompagnées de beaucoup de defauts qui procédent de l'infirmité de cette chair, Dieu ne ne leur peut être propice, ni avoir leurs œuvres pour agréables, qu'il ne les accepte en Jesus Christ, avant que de les accepter à cause d'eux-mêmes. C'est en ce sens que doivent être expliquez les Passages qui rendent témoignage que Dieu est clément & miséricordieux envers ceux qui aiment la justice. Moyse disoit à Israël: *L'Eternel ton Dieu est celui qui garde l'alliance & la gratuité en mille générations à ceux qui l'aiment & gardent ses commandemens.* Et cette façon de parler étoit devenuë du stile du peuple, qui

Deuter. 7. 9.

qui s'en servoit ordinairement, comme il paroît par cette Priére solemnelle que fait Salomon : *O Eternel,* *Dieu d'Israël, qui gardes l'alliance & la gratuité envers tes serviteurs qui cheminent devant ta face, de tout leur cœur;* & par celle de Néhémie, où les mêmes paroles sont répétées. Dieu dans toutes les alliances où il déploye sa miséricorde, exige de ses serviteurs l'intégrité & la sainteté de vie, de peur que cette miséricorde ne soit méprisée, & que quelqu'un venant à en abuser ne s'y confie trop, & ne prenne oc-

1. Rois 8. 23.

occasion de vivre selon le mauvais train de son cœur; ainsi c'est avec beaucoup de raison qu'il les veut retenir par cette voye dans leur devoir, aprés qu'il les a admis à la communion de son alliance. Cependant, cette alliance ne laisse pas d'être gratuite dans son origine, & de demeurer toûjours telle, depuis le moment qu'il l'a traitée. Le Prophete David publie hautement; *que l'Eternel lui a rétribué selon sa justice, & qu'il lui a rendu selon la pureté de ses mains*: mais il n'abandonne pas toutefois le principe dont nous venons de

2. Sam.
22. 20.
21.
Pseau.
18. 20.
21.

de faire mention, puis qu'il confesse auparavant ; *que Dieu l'a fait sortir au large, & qu'il l'a delivré, parce qu'il a pris son plaisir en lui.* Par lesquelles paroles il défend la justice de sa cause de telle maniére qu'il ne donne aucune atteinte à la miséricorde gratuite de Dieu, qui précéde tous les benefices dont les hommes sont faits participans, parce qu'elle en est la source.

VI. Mais il sera bon de remarquer, en passant, quelle différence il y a entre ces façons de parler, & les promesses légales. J'apelle promesses

messes légales, non pas toutes celles qui se trouvent répanduës par tout dans les Livres de Moïse, car il s'y en trouve plusieurs qui sont Evangéliques, mais celles qui appartiennent proprement au ministére de la Loi. Telles promesses, de quelque nom qu'on les appelle, dénoncent toutes qu'il y a des récompenses, sous cette condition, *si l'on fait les choses qui sont commandées*. Mais quand il est dit, *que le Seigneur garde la promesse de sa miséricorde à ceux qui l'aiment*, c'est plûtôt pour démontrer quels sont ses serviteurs;

teurs ; quels sont ceux qui ont accepté de bonne foi son alliance, que pour exprimer la cause pour laquelle Dieu leur a accordé ses bien-faits. En voici la raison, qui est démonstrative. Comme la fin que Dieu se propose en nous donnant la vie éternelle, est que nous l'aimions, que nous vivions en sa crainte, que nous le servions ; aussi toutes les promesses de sa miséricorde qui se trouvent dans l'Ecriture se rapportent avec justice à cette fin, qui est de révérer & de servir celui qui est nôtre bien-faicteur. Toutes les fois donc que nous oyons

oyons qu'il fait du bien à ceux qui observent sa Loi, souvenons-nous que l'Ecriture ne s'exprime de cette maniére que pour désigner les enfans de Dieu, par le devoir auquel ils doivent être toûjours attachez ; & que nous n'avons été adoptez pour ses enfans qu'afin que nous l'honnorions comme nôtre Pere. De peur donc que nous ne nous privions nous-mêmes du droit de nôtre adoption, il faut que nous fassions continuellement nos efforts pour tendre là où nôtre vocation nous appelle. Cependant, tenons encore

une

une fois ceci pour une chose certaine, que l'accomplissement de la promesse que Dieu fait d'exercer sur nous sa miséricorde ne dépend pas des œuvres des fidelles, mais que s'il fait participans du salut, selon qu'il l'a promis, ceux qui répondent à leur vocation par la droiture de leur vie, c'est parce qu'il reconnoît en eux les véritables marques de ses enfans, qui sont dirigez par son Esprit à faire le bien. C'est à ceci que se doit rapporter ce qui est dit dans le Pseaume quinziéme de ceux qui composent l'Eglise ; *Eternel, qui est-ce qui*

Pseau. 15. 1. 2. & suiv. qui sejournera en ton tabernacle? Qui est-ce qui habitera en la montagne de ta Sainteté? Ce sera celui qui chemine en intégrité, qui fait ce qui est juste, & qui profére la vérité ainsi qu'elle est en son cœur. *Esaïe 33. 14. 15. & suivans* Et ces autres paroles d'Esaïe; Qui est-ce d'entre nous qui pourra sejourner avec le feu devorant? Qui est-ce d'entre nous qui pourra sejourner avec les ardeurs éternelles? Celui qui chemine en justice & qui prononce des choses droites. Car ce n'est pas ici une description de l'appui sur lequel les fidelles subsistent devant Dieu,

Dieu, mais cela n'est dit que pour désigner le moyen dont ce Pere miséricordieux se sert pour les introduire en sa Communion, & pour les conserver & les protéger en cette société bien-heureuse. Car comme il a le péché en abomination, & qu'il aime la justice, il purifie par son Esprit ceux qu'il unit à soi, afin de les rendre conformes à sa nature, & dignes d'entrer dans son Royaume. Si l'on demande donc quelle est la premiére cause de l'accés que les Saints ont au Royaume de Dieu & de l'avantage qu'ils possédent d'y demeurer

meurer fermes, lors qu'ils y sont une fois entrez, la réponse ne sera pas difficile : c'est que le Seigneur les a adoptez une fois par sa miséricorde, & qu'après cela ils sont continuellement sous sa protection. Et si l'on demande encore de quelle maniére cela se fait, il en faut venir á la régénération & à ses effets, dont il est parlé dans le Pseaume que nous avons déja cité.

VII. Mais il semble qu'il y a plus de difficulté à répondre aux Passages de l'Ecriture qui honorent les bonnes œuvres du tître de justice,

Justification.

ce, & qui assurent que c'est par elles que l'homme est justifié. Quant aux premiers de ces Passages, où l'observation des commandemens de Dieu est appellée du nom de Justification & de justice, ils sont trés-fréquens : & pour les seconds, il suffit d'alléguer celui du sixiéme Chapitre du Deuteronome, où Moïse s'exprime de cette maniére : *Et cela sera nôtre justice, quand nous aurons pris garde à faire tous ces commandemens-ci, devant l'Eternel nôtre Dieu, selon qu'il nous a commandé.* Que si l'on soûtient que c'est-là

Deuter. 6. 25.

une

une promesse Légale à laquelle est attachée une condition impossible, & qui ne prouve rien par conséquent, il se trouve d'autres Passages encore ausquels on ne sçauroit répondre par une semblable exception, comme celui-ci: *Tu ne manqueras point de rendre* au pauvre *le gage* qu'il t'aura donné; *cela te sera justice devant l'Eternel ton Dieu*: & cet autre du Pseaume cent sixiéme, où le Prophete dit en parlant du zéle que témoigna Phinées pour vanger l'opprobre d'Israël; *que cela lui a été alloüé pour justice*. C'est sur ce fondement

Deuter. 24. 13.

dement que les Pharisiens de ce siécle prétendent avoir ici une ample matiére de nous insulter : car sur ce que nous disons que la justice de la foi étant une fois établie, il faut nécessairement que la Justification par les œuvres soit renversée, ils disent de leur côté, en raisonnant de la même maniére, que si la justice est par les œuvres, il est donc faux que nous soyons justifiez par la seule foi. Je demeure d'accord que les commandemens de la Loi sont appellez du nom de justice, & il n'en faut pas être surpris, parce qu'ils le sont en effet:

effet : quoi qu'il faille ici faire prendre garde aux Lecteurs que les Interpretes Grecs ont mal expliqué le terme Hebreu, ayant traduit *Justifications*, au lieu de *Statuts*, ou d'*Edits*. Mais je ne veux pas disputer sur un mot, outre que nous ne nions pas que la Loi de Dieu ne contienne une justice parfaite. Car encore qu'il soit véritable, qu'aprés même que nous nous sommes aquitez de tous les devoirs qu'elle exige, nous sommes des serviteurs inutiles, parce que nous sommes obligez de faire tout ce qu'elle ordonne, cependant

Iustification.

dant puis qu'il a plû à Dieu de l'honorer du nom de justice, nous ne voulons pas lui ravir ce nom. Nous confessons donc volontiers que l'obéïssance parfaite à la Loi est une justice, & que l'observation de chacun de ses commandemens est une partie de cette justice, pourvû qu'aucunes des autres parties ne soient défectueuses. Mais nous nions qu'une telle justice se puisse trouver nulle part. Ainsi nous abolissons la justice de la Loi, non que d'elle-même elle soit imparfaite & insuffisante, mais parce qu'à cause de la fragi-
lité

lité de nôtre chair elle ne se trouve en aucun homme. Quelqu'un pourra dire toutefois, que l'Ecriture n'appelle pas seulement justices les commandemens de Dieu, mais qu'elle donne même ce nom aux œuvres des Saints, comme lors qu'elle rapporte que Zacharie & Elisabeth sa femme

Luc 1. 6.

étoient tous deux justes devant Dieu, cheminans en tous les commandemens & toutes les ordonnances du Seigneur; il y a dans le Grec, *& toutes les Justifications.* Mais je répons que lors que l'Ecriture parle ainsi, elle con-

considére plûtôt les œuvres par rapport à la nature de la Loi, que par rapport à ce qu'elles sont : outre qu'il faut observer ici encore ce que j'ai dit, il n'y a pas long temps, que le peu d'exactitude des Interpretes Grecs ne nous doit pas servir de loi. Cependant, puis que S. Luc lui-même n'a rien voulu changer dans la Version qui étoit reçûë de son temps, je ne disputerai pas là-dessus. Je confesse qu'en tout ce qui est contenu dans la Loi, Dieu a prescrit aux hommes la justice, mais nous ne sçaurions accomplir cette justice qu'en qu'en accomplissant toute la Loi, car nous la violons entiérement par la moindre de nos transgressions. Puis donc que la Loi ne nous commande autre chose que la justice, si nous la considérons en elle-même, tous ses commandemens sont des justices: mais si nous regardons les hommes par rapport aux choses qu'ils font, comme ils transgressent la Loi en plusieurs maniéres, ils ne méritent nullement d'être appellez justes pour avoir fait une bonne œuvre, sur tout étant certain que cette bonne œuvre est toûjours défectueuse par

par quelque endroit, à cause qu'elle a toûjours quelque imperfection.

VIII. Je viens maintenant aux seconds Passages dont les adversaires se servent pour tâcher de faire voir que l'homme est justifié par les œuvres : & c'est ici la principale difficulté. Ils disent, comme je l'ai insinué déja, que si S. Paul n'a pas de plus fort argument pour prouver la justice de la foi, que ce qui est écrit d'Abraham ; *que sa foi lui a été imputée à justice;* qu'on peut conclure à l'égard des œuvres ce que l'Apôtre conclut

Solution de la principale difficulté qui se fait, pour prouver la Justification par les œuvres.

Rom. 4. 3. Galat. 3. 6.

clut à l'égard de la foi, puis qu'il eſt dit de l'action de Phinées; *qu'elle lui a été auſſi alloüée pour juſtice.* Et c'eſt auſſi la conſéquence qu'ils tirent. Car comme s'ils avoient remporté la victoire, ils décident aprés avoir demeuré d'accord avec nous, que nous ſommes juſtifiez par la foi, que nous ne le ſommes pas cependant par la foi ſeule, & que les œuvres ſont néceſſaires pour rendre nôtre juſtice accomplie. Je conjure ici les gens de bien, qui ſçavent que la véritable régle de la juſtice doit être priſe de la ſeule Ecriture,

Pſeau. 106.31.

criture, qu'ils considérent avec moi avec une sainte atention, comment cette même Ecriture peut-être accordée comme il faut, avec elle-même, si l'on n'a recours à des subterfuges. Comme S. Paul sçavoit que la Justification par la foi est un asile pour ceux qui se trouvent privez de leur propre justice, il inférе hardiment que ceux qui sont justifiez par la foi sont exclus de la justice des œuvres. Et comme, d'un autre côté, c'est une chose incontestable que la justice de la foi est commune à tous les fidelles, il inférе encore avec

la

la même confiance, que nul n'est justifié par les œuvres, & qu'au contraire nous le sommes sans leur secours. Mais c'est une chose bien différente de disputer du prix des œuvres, considérées en elles-mêmes, & d'agiter en quelle estime elles doivent être, aprés que la justice de la foi a été une fois établie. S'il s'agit donc d'assigner un prix aux œuvres à proportion de leur dignité, nous soûtenons qu'elles ne sont pas dignes d'être produites devant la face de Dieu ; qu'il n'y a point d'homme qui fasse aucune

œu-

œuvre dont il se puisse glorifier devant lui ; & qu'étant dénué entiérement du secours des œuvres, il faut nécessairement qu'il soit justifié par la seule foi. Or voici de quelle maniére nous concevons la chose & quelle est la définition de cette justice. Nous concevons que le pécheur étant reçû en la communion de Jesus Christ est réconcilié à Dieu par sa grace; qu'aprés avoir été purifié par le sang de ce divin Rédempteur, il obtient la rémission de ses péchez ; & qu'étant revêtu de sa justice, comme de la sienne propre,
il

il peut subsister avec confiance devant le trône du Juge céleste. La rémission des péchez étant mise ainsi la premiére, les œuvres qui viennent ensuite sont considérées par rapport à tout autre chose qu'à leur mérite, car tout ce qu'elles ont d'imparfait est couvert de la perfection de Jesus Christ, & tout ce qu'elles ont de taches & de soüillures est nettoyé par sa pureté, afin qu'elles ne viennent en compte devant le jugement de Dieu. Enfin, aprés que la corruption qui empêche les hommes de faire quelque chose qui

qui soit agréable à Dieu est ôtée; après que les imperfections dont leurs actions sont accompagnées ont été mises en oubli, & ensévelies, pour ainsi dire, alors les bonnes œuvres que font les fidelles sont réputées justes, ou ce qui est la même chose, sont imputées à justice.

IX. Si quelqu'un me fait maintenant quelque objection pour combattre la justice de la foi, je lui demanderai premierement, si un homme doit être réputé juste pour quelque petit nombre de bonnes œuvres qu'il aura faites, tandis que pendant le cours de sa vie il aura transgressé la Loi, à l'égard des autres œuvres qu'elle exige. Il y auroit trop d'absurdité à soûtenir cela. Je lui demanderai en suite, si ce même homme pourroit être censé être juste, quand même il auroit fait un trés-grand nombre de bonnes œuvres, supposé cependant qu'il fût coupable d'avoir transgressé la Loi en quelque point. C'est ce qu'on n'oseroit soûtenir encore, la clause de la Loi dont il est fait mention dans le Chapitre vingt-septiéme du Deuteronome étant si opposée à cette idée, car elle dé-

Deuter. 27. 26.

déclare expressément que tous ceux-là seront maudits qui ne l'auront pas accomplie jusqu'au moindre commandement qu'elle ordonne. Je passerai même plus avant. Je lui demanderai, s'il y a quelque bonne œuvre qui soit exempte de toute impureté, ou de toute imperfection. Et comment y en pourroit-il avoir devant Dieu aux yeux duquel les Etoiles ne sont pas assez pures, ni les Anges mêmes assez justes? Il sera donc contraint d'avoüer qu'il n'y a point d'œuvre, quelque bonne qu'on la puisse concevoir, n'ait quelque imperfection, ou quelque defaut, soit qu'on considére qu'il est impossible d'observer exactement la Loi, soit qu'on ait égard à la corruption de l'homme, & ces choses posées une telle œuvre ne mérite point d'être honorée du nom de justice. Or s'il demeure constant, que c'est un effet de la Justification par la foi que les œuvres soient imputées à justice, quoi que d'ailleurs elles soient impures, pleines d'imperfections, & indignes d'être produites devant Dieu, bien loin d'être dignes de son amour; pourquoi,

quoi, en exaltant la justice des œuvres, s'efforce-t-on de détruire la justice de la foi dont les œuvres sont les fruits, car c'est de la justice de la foi que la justice des œuvres procéde? Veut-on qu'il en soit des œuvres comme des viperes, dont quelques-uns disent, qu'elles tuent leur mere en naissant. C'est-là où tendent les raisonnemens des impies. Ils ne peuvent point nier que la Justification par la foi ne soit le principe, le fondement, la cause, le motif, & la substance de la justice des œuvres: cependant ils concluent que l'homl'homme n'est pas justifié par la foi, puis que les bonnes œuvres sont aussi imputées à justice. Mais laissons ces absurditez, & reconnoissons pour une vérité constante, que si la justice des œuvres, sous quelque idée qu'on se la figure, dépend de la Justification par la foi ; tant s'en faut que la justice de la foi soit diminuée par celle des œuvres, qu'au contraire elle en est fortifiée, en ce que sa force se manifeste avec infiniment plus d'éclat. D'ailleurs, il ne faut pas que nous nous formions une si haute idée des œuvres que nous venions à nous imaginer qu'après que l'homme a été justifié gratuitement, elles succédent à la Justification gratuite, pour agir seules à sa place, ou conjointement avec la foi. Car si la Justification par la foi ne demeure toûjours en son entier, l'impureté des œuvres se découvre. Or il n'y a point d'absurdité à dire que l'homme est justifié par la foi de telle maniére, que non seulement il est juste lui-même, mais qu'outre cela ses œuvres sont réputées justes, quoi qu'elles ne le méritent pas.

X. En ce sens nous accorderons que non seulement Dieu accepte la justice imparfaite des œuvres, ce que veulent les Adversaires, mais que Dieu l'approuve même comme si elle étoit absolument parfaite. Il faut néanmoins se ressouvenir sur quel fondement est appuyée cette justice, & toute la difficulté est ôtée. Car une œuvre ne commence à être agréable à Dieu que depuis qu'il nous a pardonnez. Or d'où est-ce que vient ce pardon qu'il nous accorde que de ce qu'il nous regarde en Jesus Christ, & tout ce qui procéde de nous? Comme donc nous

nous paroissons justes nous-mêmes devant Dieu, du moment que nous sommes incorporez à Jesus Christ, parce que nos iniquitez sont couvertes de son innocence; ainsi nos œuvres sont justes & réputées être telles, parce que ce qu'elles ont de defauts étant enseveli dans la pureté de ce même Sauveur, ne nous est point par conséquent imputé. Il est donc certain que nous pouvons dire avec raison que non seulement nous sommes justifiez par la foi, mais que c'est même par la foi que nos œuvres sont justifiées. Or si cette te justice des œuvres, quelle qu'elle soit, dépend de la foi & de la Justification gratuite, & qu'elle en procéde; il est évident qu'elle doit être renfermée sous la foi & la Justification gratuite, & pour ainsi dire, y être subordonnée, comme les effets le sont à leur cause, bien loin qu'elle doive être établie pour détruire, ou pour obscurcir la cause dont elle est l'effet. Ainsi S. Paul voulant prouver que nôtre beatitude procéde de la miséricorde de Dieu, & non pas de nos œuvres presse extrêmement ces paroles du Prophete Da-

David; *Bien-heureux sont ceux desquels les iniquitez sont pardonnées, & dont les péchez sont couverts. Bien-heureux est l'homme a qui le Seigneur n'aura point imputé son péché.* Je sçai bien qu'on peut alléguer un nombre presque infini d'éloges que l'Ecriture donne aux œuvres, par lesquels elle semble dire que c'est des œuvres que dépend le bonheur de l'homme, tels par exemple que sont ceux-ci: *O que bien-heureux est le personnage qui craint l'Eternel; qui a pitié des pauvres; qui ne chemine point suivant le conseil des*

Rom. 4. 7. Pseau. 32. 1.

Pseau. 112. 1.

Prover. 14. 21. Pseau. 1. 1.

Jaques 1. 12.
Pseau. 106. 3. 119. 1.
Matth. 5. 3. & suivans.

des méchans ; qui endure la tentation. O que bien-heureux sont ceux qui gardent ce qui est droit ; qui sont entiers en leur voye. Bien-heureux sont les pauvres en esprit, les debonnaires, les miséricordieux, & plusieurs autres semblables. Mais cela n'empêche pas que ce que dit S. Paul ne demeure véritable. Car comme ces vertus qui sont ici loüées ne se trouvent jamais toutes dans l'homme de telle maniére que Dieu les puisse approuver par elles-mêmes, il s'ensuit que l'homme est toûjours misérable, jusqu'à-ce qu'il

Justification.

qu'il soit delivré de sa misére par la rémission de ses péchez. Puis donc que toutes les espéces de béatitude que l'Ecriture exalte sont anéanties, en sorte qu'il n'y en a aucune dont l'homme puisse retirer aucun fruit, que premiérement ses péchez ne lui soient pardonnez, ce qui fait qu'il obtient toutes les autres bénédictions de Dieu; il faut nécessairement conclure que cette beatitude gratuite est non seulement la principale & la souveraine, mais qu'elle est même l'unique, à moins qu'on ne veuille dire qu'elle est entiérement

rement affoiblie par les bénédictions qui en dépendent uniquement. On voit maintenant qu'il n'y a pas beaucoup de sujet de s'allarmer de ce que les fidelles sont si souvent appellez justes dans l'Ecriture. Je confesse certes qu'ils sont appellez de ce nom à cause de la sainteté de leur vie. Mais comme ils s'appliquent bien plus à l'étude de la justice, qu'ils ne l'accomplissent, il est bien raisonnable que la justice des œuvres, quelle qu'elle soit, céde à la Justification par la foi, d'où elle tient tout ce qu'elle est.

XI.

XI. Mais nos Adversaires n'en demeurent pas là. Ils disent que S. Jaques nous est opposé, d'une maniére si évidente, qu'il n'est pas possible que nous répondions à la difficulté qui naît des paroles de cet Apôtre : car il enseigne, *qu'Abraham a été justifié par les œuvres*, & que, nous aussi tant que nous sommes *sommes justifiez par les œuvres, & non seulement par la foi*. Mais quelle peut être leur pensée ? Prétendent-ils que S. Paul & S. Jaques se contredisent dans cette rencontre ? S'ils tiennent S. Jaques pour Ministre de Jesus

Jaques 2. 21. 24.

sus Christ, il faut qu'ils expliquent de telle maniére ses paroles, qu'elles se trouvent conformes à celles de ce divin Sauveur qui a parlé par la bouche de S. Paul. Le S. Esprit assure par la bouche de cet Apôtre, qu'Abraham a obtenu la justice par la foi & non pas par les œuvres, & nous disons de même que nous sommes tous justifiez par la foi sans les œuvres de la Loi. Le même Esprit enseigne, par le ministére de S. Jaques, que la justice d'Abraham & la nôtre ne dépend pas seulement de la foi, mais qu'elle dépend aussi des œu-

œuvres. Il est certain néanmoins que le S. Esprit ne se contredit pas soi-même. De quelle maniére faut-il donc concilier ces choses ? Tout le but de nos Adversaires est d'arracher de nos cœurs la justice de la foi, que nous tâchons d'y enraciner le plus profondement qu'il nous est possible ; ils n'en demandent pas davantage : du reste, ne se souciant guéres de rendre la tranquilité à la conscience. On voit bien qu'ils font leurs efforts pour ruiner la Justification par la foi, mais on ne voit pas jusqu'ici, qu'ils ayent établi aucune régle de justi-

justice s'assurée que les consciences s'y puissent reposer. Qu'ils triomphent donc tant qu'il leur plaira, pourvû qu'ils ne se puissent vanter d'autre victoire que d'avoir anéanti toute certitude de justice. J'avouë qu'ils remporteront cette misérable victoire dans les endroits où Dieu permettra que la lumiére de la vérité soit éteinte ; c'est-là qu'ils répandront les ténébres de leurs mensonges. Mais leurs efforts seront absolument inutiles par tout où la vérité de Dieu sera établie. Pour cet effet, je nie que les paroles de S. Jaques

ques qu'ils nous opposent incessamment, & dont ils font leur plus grand bouclier les puissent favoriser le moins du monde. Pour démontrer cela avec évidence, il faut voir avant toutes choses quel est le but que S. Jaques se propose dans ces paroles, aprés quoi nous verrons en quoi les Adversaires se trompent. Il est constant, & c'est un mal qui ne régne que trop toûjours dans l'Eglise, qu'il se trouvoit des gens du tems de S. Jaques, & qu'il s'en trouvoit même en grand nombre, qui manifestoient leur infidélité, en négligeant

& cessant de faire les œuvres qui doivent distinguer les fidelles ; & qui néanmoins ne laissoient pas de se glorifier faussement d'avoir la foi. S. Jaques se moque ici de la folle confiance de ces sortes de gens. Ce n'est pas donc son intention de diminuer en façon que ce soit la force de la véritable foi : son dessein est de faire voir combien ces hommes étoient ridicules de s'imaginer d'être fidelles avec ce vain phantôme de foi, & de se figurer qu'aprés cela ils pouvoient s'abandonner sans crainte à toutes sortes de licences. Cela considéré

sidéré, il n'est pas difficile de voir en quoi se font illusion nos Adversaires : car ils font ici deux Paralogismes en interprétant mal au même temps le terme de *Foi*, & celui de *justifier*. Ce que S. Jaques appelle foi n'est autre chose qu'une opinion frivole bien éloignée de la vérité de la foi, ce qu'il fait par maniére de concession, sans que cela déroge en rien à la vérité de la cause, comme il le démontre dés le commencement par ces paroles : *Mes freres, que profitera-t-il si quelqu'un dit qu'il a la foi, & qu'il n'ait point les œuvres ?*

Jaques 2. 14. 17. 19.

vres ? Il ne dit pas ; Si quelqu'un a la foi sans les œuvres, mais il dit; Si quelqu'un se vante de l'avoir. C'est ce qu'il fait voir encore plus clairement un peu aprés, en représentant par moquerie cette foi pire que la connoissance des Démons, & en l'appellant enfin une foi morte. Mais on pourra suffisamment entendre ce qu'il veut dire par la définition qu'il en donne. *Tu crois*, dit-il, *qu'il y a un Dieu*. Certes si cette foi ne consiste qu'à croire simplement qu'il y a un Dieu, ce n'est pas merveille si elle ne peut justifier. Il ne faut pas

pas s'imaginer pourtant que cela donne la moindre atteinte à la foi Chrêtienne, dont la nature est bien différente. Car de quelle maniére est-ce que la foi nous justifie, sinon en nous unissant à Jesus Christ, afin qu'étant faits un avec lui nous jouïssions de la participation de sa justice? La foi ne justifie pas donc par cela qu'elle conçoit quelque connoissance de l'Essence Divine, mais en ce qu'elle se repose en la certitude de la miséricorde.

XII. Mais nous ne sommes pas parvenus encore à nôtre but; il faut pour cela que nous découvrions l'autre Paralogisme, car il semble d'abord que S. Jaques mette dans les œuvres une partie de nôtre Justification. Voulons-nous donc accorder cet Apôtre avec toute l'Ecriture & avec lui-même, il faut nécessairement que nous prenions le terme de *justifier* dans un autre sens qu'il ne se prend en S. Paul ? Dans le sens de S. Paul nous sommes dits être justifiez, lors que la mémoire de nôtre injustice étant effacée nous sommes réputez justes. Or si S. Jaques eût parlé dans cette vûë, il eût cité mal

à

Iustification.

à propos le témoignage de Moïse : *Abraham a crû à Dieu*, & ce qu'il dit ensuite. Car voici de quelle maniére ces paroles sont liées avec les précédentes. *Abraham a été justifié par les œuvres quand il offrit Isaac son fils sur l'Autel. Et ainsi l'Ecriture a été accomplie, disant, Abraham a crû & il lui a été alloüé à justice.* Que s'il est absurde de dire que l'effet est plûtôt que sa cause, il faut conclurre l'une de ces deux choses, ou que Moïse témoigne faussement ici que la foi ait été imputée pour justice à Abraham, ou qu'Abraham

Jaques 2. 21.
Genes. 15. 6.

braham n'a pas mérité sa justice par l'obéïssance qu'il a renduë à Dieu en voulant sacrifier Isaac. Avant la conception d'Ismaël, qui étoit déja grand, lors qu'Isaac vint au monde, Abraham avoit été justifié par sa foi. Comment dirons-nous donc qu'il a obtenu la justice par une obéïssance qu'il a renduë à Dieu si long temps aprés? Ainsi il faut nécessairement, ou que S. Jaques ait renversé l'ordre sans raison, ce qu'on ne sçauroit dire sans crime, ou il faut demeurer d'accord que s'il dit qu'il a été justifié, il ne veut entendre

Justification.

dre nullement qu'il ait mérité d'être tenu pour juste. Quoi donc? Certes il paroît qu'il parle de la déclaration de la justice & non pas de l'imputation. Car c'est tout de même que s'il disoit, que ceux qui sont justes par une véritable foi donnent des preuves de leur justice par leur obéissance & leurs bonnes œuvres, & non par un phantôme de foi qui n'agit point, & qui n'est que dans l'imagination. En un mot, il n'examine point par quel moyen nous sommes justifiez ; ce n'est pas le but de sa dispute. Mais il exige des fidelles

delles une foi qui soit agissante. Et comme S. Paul soûtient que nous sommes justifiez sans le secours des œuvres, il soûtient lui de son côté que ces mêmes œuvres nous sont absolument nécessaires pour être justes, & que sans cela nous ne pouvons être estimez tels. Ces choses ainsi considérées nous sommes delivrez de tout scrupule. Car nos Adversaires se trompent principalement en ceci, qu'ils s'imaginent que S. Jaques détermine la maniére de nôtre Justification, au lieu que son unique but est de tâcher d'arracher du cœur

cœur la sécurité criminelle de ceux qui pour excuser le mépris qu'ils font de la pratique des bonnes œuvres prétendent faussement d'avoir la foi. Ainsi de quelque maniére qu'ils tordent le sens de ces paroles de S. Jaques ils n'en pourront conclurre que ces deux choses; la premiére, qu'un vain phantôme de foi ne sçauroit justifier; & la seconde, que le fidelle n'étant pas satisfait de cette imagination, manifeste sa justice par les bonnes œuvres.

XIII. Ils alléguent dans le même sens ce Passage de S. Paul: *Ce ne sont pas ceux qui*

qui écoutent la Loi, qui sont justes devant Dieu, mais ceux qui mettent en effet la Loi seront justifiez. Ce sont toutefois des paroles qui ne les favorisent nullement. Je ne veux point me servir pour réponse de la solution de S. Ambroise, qui avance que cela a été dit, *parce que l'accomplissement de la Loi est la foi en Jesus Christ.* Je vois que ce n'est qu'un vain subterfuge auquel il n'est pas nécessaire d'avoir recours dans un sujet qui est aussi clair que celui-ci. Dans ce Passage le dessein de S. Paul est de confondre la folle confiance

fiance des Juifs, qui se glorifioient de la seule connoissance de la Loi, quoi qu'ils la méprisassent souverainement. Afin donc de les empêcher de s'attacher autant qu'ils faisoient à cette connoissance nuë de la Loi de Dieu, il les avertit que lors qu'on cherche à être justifié par la Loi, il ne se faut pas appliquer uniquement à la connoître, mais qu'on doit avoir en vûë de l'observer. Certes nous ne révoquons pas ceci en doute que la justice de la Loi ne consiste à faire de bonnes œuvres. Nous ne nions pas même

non

non plus que ce ne soit en la dignité & aux mérites des bonnes œuvres, que consiste la justice. Mais jusques ici c'est une chose qui a demeuré sans être prouvée, que nous soyons justifiez par les œuvres ; il faudroit pour cela produire un seul homme qui eût observé parfaitement la Loi ; qui l'eût accomplie. Or que ce soit-là ce que S. Paul a voulu dire, c'est ce qui paroît par tout l'enchaînement du Texte. Il avoit condamné d'injustice généralement autant les Juifs que les Gentils : maintenant parlant en particulier de chacune ne de ces deux Nations, il dit: *Car tous ceux qui auront péché sans la Loi périront aussi sans la Loi*; voila qui regarde les Gentils: *& tous ceux qui auront péché en la Loi seront jugez par la Loi*; voila ce qui regarde les Juifs. Comme donc les Juifs fermant les yeux sur leurs transgressions se glorifioient de la seule Loi, l'Apôtre ajoûte fort à propos que la Loi ne leur avoit pas été donnée pour en être simplement auditeurs; qu'il ne suffisoit pas de l'écouter pour être rendus justes, mais qu'il faloit l'observer & la mettre en pra-

pratique, comme s'il disoit; Cherches-tu la justice en la Loi? N'allégue point que tu l'écoutes. Être simplement auditeur de la Loi est de soi-même trés-peu de chose: mais produi des œuvres par lesquelles tu puisses faire voir que la Loi ne t'a pas été donnée en vain. Puis donc que c'étoit une chose incontestable que les Juifs étoient tous dépourvûs de ces œuvres, il s'ensuivoit que c'étoit en vain qu'ils se glorifioient de la Loi. Ainsi, à prendre le sens de S. Paul on peut plûtôt former ce raisonnement qui est directement opposé à l'aul'autre ; La Justice de la Loi consiste en la perfection des œuvres : cependant il n'y a personne qui se puisse vanter d'avoir satisfait par ses œuvres à la Loi. Il s'ensuit donc que la justice qui vient de la Loi est nulle.

XIV. Ce ne sont pas les seuls Passages dont les Adversaires se servent pour nous combattre. Ils allèguent encore ceux où nous voyons que les fidelles offrent hardiment à Dieu leur justice pour être examinée en son jugement, & selon laquelle ils desirent même d'être jugez. Tels sont, par exem-

exemple, ceux-ci: *Fai-moi droit, Eternel, selon ma justice, & selon mon intégrté, telle qu'elle est en moi. Eternel, écoute ma juste cause. Tu as sondé mon cœur, tu l'as examiné de nuit, & tu n'as trouvé rien de faux en moi. L'Eternel m'a rétribué selon ma justice, il m'a rendu selon la pureté de mes mains, car j'ai tenu le chemin de l'Eternel & ne me suis point détourné de mon Dieu. J'ai été entier envers lui, & me suis donné garde de mon iniquité. Eternel, fai moi droit, car j'ai cheminé en mon intégrité. Ie ne me suis point assis avec les hom-*

Pseau. 7. 9.
Pseau. 17. 1. 3.
Pseau. 18. 21. 22. 24.
Pseau. 26. 1. 4. 9. 10. 11.

hommes menteurs, & n'ai point fréquenté les gens couverts. N'assemble point mon ame avec les pécheurs, ni ma vie avec les hommes sanguinaires, aux mains desquels il y a de la méchanceté préméditée & la dextre desquels est pleine de presens. Mais moi je chemine en mon intégrité. J'ai parlé ci-dessus de la confiance que les Saints semblent prendre simplement de leurs œuvres. Quant aux Passages qui se trouvent ici alléguez ils ne nous feront pas beaucoup de peine si nous les examinons par rapport à ces deux circonstances. La premiére est que les Saints en offrant à Dieu leur justice ne demandent pas que toutes les actions de leur vie soient examinées, afin que selon cet examen ils soient condamnez ou absous ; ils presentent seulement à Dieu quelque cause particuliére afin qu'il en juge. La seconde est que s'ils s'attribuent la justice, ce n'est pas à l'égard de la perfection de Dieu, mais seulement par rapport aux méchans & aux impies. En effet, en premier lieu, lors qu'il s'agit de justifier l'homme, il ne suffit pas que

que celui qui doit être justifié puisse faire voir qu'il a soûtenu une bonne cause dans quelque occasion particuliére, & qu'il soit juste à cet égard-là. Il faut qu'il l'ait été dans toutes les actions de sa vie ; cette convenance d'actions est une chose absolument requise. Quand donc les Saints demandent d'être jugez devant Dieu pour confirmer leur innocence, & que pour cet effet ils se presentent à lui, ce n'est pas pour se glorifier de n'avoir jamais commis aucune faute & d'être absolument innocens ; ce n'est-là nullement leur pensée. Ils mettent la confiance de leur salut en la seule bonté de Dieu. Mais étant persuadez néanmoins qu'il est le vangeur des pauvres qui sont persécutez injustement, il lui recommande leur droit lors que leur innocence est opprimée. En second lieu, lors qu'ils se presentent devant le Tribunal de Dieu avec leurs Adversaires, ils ne se glorifient point d'une innocence qui pût répondre à la pureté de leur Juge, si elle étoit examinée à la rigueur: mais parce qu'ils sçavent bien que leur sincérité, leur justice, leur

leur simplicité & leur innocence sont connuës de Dieu & qu'elles lui sont agréables en comparaison de la malice, de la méchanceté, de la ruse, & de la dépravation de leurs Adversaires, ils ne craignent point de demander à Dieu qu'il soit Juge entr'eux & ceux qui les oppriment. Ainsi quand David disoit à Saül: *Que l'Eternel rende à un chacun selon sa justice, & selon sa loyauté*, il n'entendoit pas que Dieu les examinât l'un & l'autre par rapport à ce qu'ils étoient en eux-mêmes, & qu'il les récompensât selon leurs mérites,

1. Sam. 26. 23.

tes, mais il prenoit Dieu à témoin de la grandeur de son innocence au prix de l'iniquité de Saül. De même lors que S. Paul se glorifie de ce témoignage que lui rend sa conscience, *qu'il a conversé en simplicité & en sincérité* dans l'Eglise de Dieu, ce n'est pas sur ce témoignage lequel il étale dans cette rencontre qu'il prétend s'appuyer lors qu'il comparoîtra devant Dieu : mais se voyant pressé par les calomnies des impies, il soûtient contre leurs fausses accusations sa fidelité & sa probité, qu'il sçavoit bien que Dieu agrée-

2. Cor.
1. 12.
Actes
23. 1.

agréeroit par sa bonté extraordinaire. Car nous voyons ce qu'il dit en un autre endroit, *qu'il ne se sent coupable de rien, mais que pour cela il n'est pas justifié*, ce qui marque bien la persuasion où il étoit que le jugement de Dieu est infiniment au dessus de la foible pénétration des hommes. Encore donc que les fidelles prennent Dieu pour témoin & pour Juge de leur innocence contre l'hypocrisie des méchans, cependant, quand ils ont à se défendre contre Dieu seul, ils s'écrient tous d'une voix : *Eternel, si tu prens*

1. Cor. 4. 4.

Pseau. 130. 3.
Pseau. 143. 2.
prens garde aux iniquitez, Seigneur, qui est-ce qui subsistera? N'entre point en jugement avec tes serviteurs d'autant que nul vivant ne sera justifié devant toi. Et se défiant de leurs œuvres, ils confessent de bon cœur, *que* Pseau. 63. 4. *sa gratuité est meilleure que la vie.*

XV. Il y a d'autres Passages à peu prés semblables à ceux qui viennent d'être alléguez qui pourroient encore arrêter quelqu'un. Salo‑
Prover. 20. 7. 28. 18. 12. 28.
mon dit, *que les enfans du juste cheminant en son intégrité seront heureux aprés lui. Que la vie est au chemin de*

de la justice, & que la voye de son sentier ne tend point à la mort. Et c'est pour cette raison qu'Ezechiel déclare; *que pour vrai, celui qui fera ce qui est juste & droit vivra.* Nous ne voulons ni desavoüer, ni affoiblir ces Passages en les obscurcissant. Mais qu'on nous produise un seul homme entre les enfans d'Adam avec une telle integrité. S'il ne s'en trouve aucun, ou il faut qu'ils perissent tous, lors qu'ils comparoîtront devant Dieu, ou qu'ils ayent leur recours à la misericorde. Nous ne nions pas toutefois que

Ezech. 18. 9. 21.

que l'intégrité des fidelles quelque défectueuse & imparfaite qu'elle soit ne conduise à l'immortalité. Mais d'où procede cela, si ce n'est de ce que Dieu, bien loin d'examiner les œuvres de ceux qu'il reçoit en l'Alliance de sa grace, par rapport à ce qu'elles méritent, les accepte par un effet de sa bénignité paternelle ? Par lesquelles paroles nous n'entendons pas seulement ce qu'enseignent les Scolastiques ; *que les œuvres tirent leur prix de la grace acceptante.* Car en disant cela ils entendent que les œuvres,
qui

qui par la convention de la Loi n'étoient sans cela nullement suffisantes pour aquérir le salut, le sont néanmoins par l'acceptation de Dieu. Au lieu que nous disons que les œuvres étant défectueuses & remplies de soüilleures, le prix qu'elles ont ne consiste qu'en ce que Dieu n'a point égard aux defauts qui les accompagnent & qu'il les pardonne, ce qui est accorder à l'homme une justice gratuite. Et qu'on n'allegue pas ici ces priéres de l'Apôtre S. Paul où il desire cette grande perfection aux fidelles ; *qu'ils soient trouvez saints*

Ephes. 1. 4. 1. Thes. 3. 13. & ailleurs

saints & irreprehensibles à la venuë de nôtre Seigneur Jesus Christ; on les allégueroit hors de propos. Les Celestins, anciens Hérétiques faisoient valoir autrefois ces paroles pour prouver que l'homme peut avoir une justice parfaite dans cette vie. Mais nous répondons en peu de mots ce que répond S. Augustin, & nous estimons que cette réponse doit suffire, c'est que tous les fidelles doivent tâcher d'être en état de comparoître un jour devant Dieu purs & sans reproche. Mais parce que la meilleure disposition & la plus par-

Iustification. 513

parfaite où nous puissions être tandis que nous sommes sur la terre est de nous avancer vers ce but, nous y parviendrons quand aprés avoir dépoüillé cette chair pécheresse nous nous attacherons pleinement au Seigneur. Je ne veux pas toutefois m'oposer avec obstination à ceux qui veulent donner aux Saints le tître de parfaits, pourvû qu'on veüille définir la perfection comme le fait S. Augustin qui la définit de cette maniére. *Lors*, dit-il, *que nous appellons parfaite la vertu des Saints, cette perfection consiste à recon-* [Livre 3. à Boniface c. 7]

K k noître

noître sincérement & en humilité qu'il y a des imperfections en eux.

CHAPITRE VIII.

Que c'est mal raisonner, de conclurre que nous sommes justifiez par les œuvres, parce que les œuvres doivent être récompensées.

Venons maintenant aux Passages, où il est dit que Dieu rendra à chacun selon ses œuvres, tels que sont ceux qui suivent. *Chacun remportera en son corps se-*

Matth. 16. 27.
2. Cor. 5. 10.

Iustification.

selon qu'il aura fait, ou bien ou mal. Il y aura tribulation & angoisse sur toute ame d'homme qui fait le mal, mais la gloire, l'honneur, & la paix sera pour tous ceux qui font le bien. Et sortiront, sçavoir, ceux qui auront bien fait en résurrection de vie, mais ceux qui auront mal fait en résurrection de condamnation. Venez, les benits de mon Pere. J'ai eu faim & vous m'avez donné à manger, & ce qui suit. Ajoûtons encore à ces Passages ceux où la vie éternelle est appellée la récompense des œuvres, tels que sont ceux-ci

Rom 2. 6. 9. 10.
Jean 5. 29.

Matth. 25. 34.

en général : *On rendra à l'homme selon le bien-fait de ses mains. Celui qui craint le commandement en aura loyer. Réjouissez-vous & vous égayez, parce que vôtre salaire est grand aux Cieux. Chacun recevra son propre salaire, selon son travail.* Quant à ce qui est dit que Dieu rendra à chacun selon ses œuvres, la difficulté n'est pas difficile à résoudre : car cette façon de parler marque plûtôt un ordre de conséquence que la cause pour laquelle Dieu récompense les hommes. C'est une chose qui est hors de doute que Dieu

Prover.
12. 14.
13. 13.

Matth.
5. 12.

1. Cor.
3. 8.

Dieu achéve par degrez l'ouvrage de nôtre salut, & voici quels sont ces degrez de sa miséricorde, c'est que ceux qu'il a élûs il les appelle, que ceux qu'il a appellez il les justifie, & que ceux qu'il a justifiez il les glorifie. Encore donc que ce soit par sa seule miséricorde qu'il admet ses enfans à la vie éternelle ; cependant parce qu'il les conduit à la possession de cette vie par le chemin des bonnes œuvres afin d'accomplir sa volonté en eux par l'ordre qu'il a déterminé, ce n'est point merveille s'ils sont dits être couronnez

Rom. 8 28. 29.

se-

selon leurs œuvres, ausquelles il n'y a point de doute qu'ils sont préparez pour recevoir la couronne de l'immortalité. C'est même pour cette raison qu'il est dit, *qu'ils s'employent à leur propre salut*, lors qu'en s'appliquant aux bonnes œuvres ils méditent la vie éternelle. Dans un autre endroit il leur est ordonné de *travailler aprés la viande qui ne périt point*, pour dire qu'ils doivent se procurer la vie en croyant en Jesus Christ : mais il est ajoûté d'abord ; *laquelle viande le fils de l'homme vous donnera.* D'où il

Philip. 2. 12.

Jean 6. 27.

il paroît que le terme de *travailler* n'est nullement opposé à la grace, & qu'il signifie application & étude. Ainsi on ne peut pas conclurre que les fidelles soient les auteurs de leur salut, ou que leur salut procéde de leurs bonnes œuvres. Quoi donc ? C'est que du moment qu'ils sont admis en la Communion de Jesus Christ par la connoissance de l'Evangile, & par l'illumination du S. Esprit, la vie éternelle est commencée en eux. Et enfin, *celui qui a commencé en eux cette bonne œuvre l'achéve jusqu'à la journée de Je-* Philip. 1. 6.

sus Christ. Mais cette bonne œuvre n'est accomplie en eux que lors que portant l'image de leur Pere céleste en sainteté & en justice, ils manifestent par là qu'ils sont ses véritables enfans.

II. Pour ce qui regarde le mot de *récompense* il n'en faut pas inférer que nos œuvres soient la cause de nôtre salut. Premiérement que ceci demeure arrêté en nôtre cœur, que le Royaume des Cieux n'est pas le salaire des serviteurs, mais que c'est l'héritage des enfans, duquel jouïront seulement ceux qu'il a adoptez, mais dont ils

ils ne jouïront uniquement qu'à cause de cette adoption, *car le fils de la servante ne sera point héritier avec le fils de la libre.* Et de fait, puis qu'aux mêmes Passages, où le Saint Esprit promet la vie éternelle pour récompense des œuvres, il l'appelle nommément héritage, cela prouve manifestement que la vie éternelle nous vient d'ailleurs. Ainsi lors que Jesus Christ appelle les Elûs pour leur déclarer qu'ils posséderont le Royaume céleste, il fait bien l'énumération de leurs œuvres, ausquelles il promet ce Royaume pour ré-

Ephes. 1. 18.

Galat. 4. 30.

Traité de la récompense: mais il ajoûte en même temps que ce sera par droit d'héritage qu'ils le posséderont. De même lors que S. Paul exhorte les serviteurs à faire leur devoir envers leurs maîtres, il les assure à la vérité que le Seigneur les récompensera s'ils s'acquittent fidellement de ce qu'ils sont obligez de faire: mais voici de quelle maniére il s'exprime & ce qu'il ajoûte; *Sçachans cela*, leur dit-il, *que vous recevrez du Seigneur la récompense de l'héritage.* Nous voyons comme Jesus Christ & ses Apôtres ne se servent que de pa-

Matth. 25. 34.

Coloss. 3. 24.

paroles comme précises & distinctes, afin qu'il ne nous arrive jamais d'attribuer la béatitude éternelle à nos œuvres, au lieu de l'attribuer à l'adoption. Pourquoi donc, dira quelqu'un, font-ils mention ensemble des œuvres ? Cette question peut être éclaircie par un seul exemple de l'Ecriture. Avant la naissance d'Isaac, Abraham avoit reçû cette promesse ; qu'en sa semence seroient benites toutes les Nations de la terre, & que sa postérité seroit aussi nombreuse que les étoiles du Ciel & que le sable de la mer. Long temps
aprés

Genese
15.5.
17.1.2.

Genese
22.3.
16.17.

après cela, Abraham se dispose à sacrifier son fils, selon le commandement qu'il en avoit reçû de Dieu: & ayant témoigné cette grande obéïssance, voici ce que Dieu lui promet: *J'ai juré par moi-même, dit l'Eternel, dautant que tu as fait cela, & que tu n'as point épargné ton fils, ton unique; pour certain je te benirai, & multiplierai ta postérité abondamment, comme les étoiles des Cieux, & comme le sablon qui est sur le bord de la mer: ta postérité possédera la porte de ses ennemis, & toutes les nations de la terre seront benites en ta ta semence, parce que tu as obéy a ma voix.* Qu'est-ce que nous oyons ici? Abraham avoit-il mérité par son obéïssance cette bénédiction qui lui avoit été promise avant que le commandement de sacrifier Isaac lui eût été fait? Certes nous voyons d'une maniére claire & distincte, que le Seigneur récompense les œuvres des fidelles, des mêmes bien-faits dont il les avoit faits participans avant qu'ils eussent pensé à faire ces œuvres, & qu'il n'y a point d'autre cause qui le porte à leur faire du bien que sa seule miséricorde.

III. Ce-

III. Cependant le Seigneur ne nous trompe point, ni ne se moque point de nous, lors qu'il dit qu'il accorde aux œuvres la récompense qu'il avoit accordée gratuitement, avant que ces œuvres eussent été faites. Car parce qu'il veut que pour méditer l'exhibition, pour ainsi dire, & la jouissance des choses qu'il a promises, nous pratiquions les bonnes œuvres & cheminions en elles pour parvenir à la bien-heureuse espérance des biens qui nous sont réservez dans le Ciel, c'est avec beaucoup de raison que le fruit des promesses

messes est attribué aux œuvres, puis que les œuvres nous conduisent à l'accomplissement des promesses. L'Apôtre exprime d'une maniére admirable l'une & l'autre de ces choses, lors qu'il dit que les Colossiens s'appliquoient aux devoirs de la charité *pour l'espérance qui leur étoit réservée dans les Cieux, laquelle ils avoient déja connuë par la parole de la vérité, sçavoir, de l'Evangile.* Car lors qu'il dit qu'ils ont connu par l'Evangile l'espérance des biens qui leur étoient préparez dans le Ciel, il fait connoître évi-

Coloss. 1. 4. 5.

évidemment que cette espérance est fondée sur Jesus Christ seul, & nullement sur les œuvres. A cela s'accorde ce que dit S. Pierre ; *que nous sommes gardez en la vertu de Dieu par la foi, pour avoir le salut prêt d'être révélé au dernier temps.* Et quand il ajoûte que c'est pour cette raison qu'ils travaillent, il fait voir que les fidelles doivent courir pendant tout le cours de leur vie, jusqu'à-ce qu'ils soient parvenus au but auquel ils doivent tendre. Mais ce n'est pas tout. De peur qu'on ne vint à s'imaginer que le salaire

1. Pier.
1. 5.

laire que le Seigneur promet deût être proportionné aux mérites, il propose une Parabole en laquelle il se compare à un pere de famille, qui envoye travailler à sa vigne tous ceux qu'il rencontre, les uns à la premiére heure du jour, les autres à la seconde, quelques-uns à la troisiéme, quelques autres à l'onziéme, & qui le soir étant venu leur distribuë à tous une égale récompense. Cette Parabole se trouve trés-bien expliquée, & en peu de mots dans un livre qui a pour titre; *De la Vocation des Gentils*, qu'on attribuë à S. Ambroi-

Math. 20. 1.

Livre 1. Chap. 3

broise. Mais quel que soit cet Ecrivain, comme c'est un ancien Docteur, j'aime mieux me servir de ses paroles que des miennes. *Le Seigneur, dit-il, veut montrer par cette similitude, qui nous doit servir de régle, que la vocation, de quelque différente maniére que les hommes soient appellez, doit être attribuée à la seule grace. Ceux-là donc qui n'ayant travaillé à sa vigne que pendant une heure seulement ne laissent pas d'être égalez à ceux qui y ont travaillé tout le long du jour, representent sans doute la condition de ceux*

ceux que Dieu, pour faire éclatter l'excellence de sa grace, appelle sur la fin de leur vie, & qu'il rémunére selon sa clémence divine, non en les récompensant selon le travail qu'ils ont fait, mais en répandant les richesses de sa bonté sur ceux qu'il a élûs sans leurs œuvres. Et cela sert en même temps à faire voir que ceux qui ont le plus travaillé, & qui ne reçoivent pas de plus grande récompense que ceux qui ont travaillé moins qu'eux, doivent regarder leur récompense comme un don de Dieu & non pas comme un prix *dû à leurs travaux.* Enfin, il est aussi à remarquer que dans aucun des Passages, où il est dit que la vie éternelle est la récompense des bonnes œuvres, la vie éternelle n'est jamais prise simplement pour cette communication que nous avons avec Dieu, lors qu'il nous reçoit en Jesus Christ par sa bonté paternelle pour nous faire participans de l'immortalité bienheureuse, mais qu'elle est prise pour la possession, ou la jouissance de la béatitude éternelle, ce que signifient aussi ces paroles de Jesus Christ: *Et au siécle à venir*

nir la vie éternelle. *Venez, les benits de mon pere, poffedez en héritage le Royaume qui vous a été préparé dès la fondation du monde.* C'eſt dans la même vûë, que S. Paul appelle adoption ſimplement, l'accompliſſement de nôtre adoption & la déclaration qui en ſera faite lorsque nous reſſuſciterons, ce qu'il explique d'abord, par *la rédemption de nôtre corps.* D'ailleurs, comme l'état où on ſe trouve lorsqu'on eſt éloigné de Dieu eſt la mort éternelle, de même l'homme que Dieu reçoit en ſa grace pour jouïr

Marc 10. 30.
Match. 25. 34.

Rom. 8 22.

de sa communication & pour être uni avec lui est transporté de la mort à la vie, ce qui ne se fait que par la grace de l'adoption. Que si nos Adversaires selon leur coûtume & leur opiniâtreté ordinaire pressent toûjours ce mot de récompense, nous pourrons leur opposer ce que dit S. Pierre, que la vie éternelle est la récompense de la foi.

1. Pier.
1. 9.

IV. J'avouë que l'excellence des œuvres est extrêmement relevée par les promesses dont nous venons de faire mention, mais il ne faut pas s'imaginer néanmoins que le Saint Esprit ait voulu mar-

marquer que les œuvres méritent quelque récompense. Car l'Ecriture ne nous attribuë rien dont nous puissions nous glorifier devant la face de Dieu. Au contraire, elle ne tend qu'à confondre nôtre arrogance, qu'à nous humilier, qu'à nous abattre, qu'à nous anéantir entiérement. Le but du S. Esprit est donc de nous fortifier dans nos adversitez qui sont si grandes, que nous ne pourrions que succomber, si nous n'étions soûtenus & consolez par l'espérance que nous avons que ces promesses seront accomplies. Pre-
miére-

miérement, que chacun fasse réflexion combien c'est une chose dure non seulement d'abandonner tout ce que l'on a, & d'y renoncer, mais de s'abandonner & de se renoncer soi-même. Cependant, c'est la premiére leçon que Jesus Christ donne à ses Disciples, c'est à dire, à tous les fidelles. En second lieu, il les tient pendant tout le cours de leur vie sous la discipline de la croix, de peur qu'ils n'attachent leur cœur aux biens de la terre & qu'ils n'y mettent leur confiance. En un mot, il les traite presque toûjours de telle maniére re que tout vaste qu'est cet univers, de quelque côté qu'ils tournent les yeux, ils ne rencontrent de toutes parts que matiére de desespoir: en sorte que S. Paul dit, *que si nous n'avions d'espérance en Christ qu'en cette vie seulement, nous serions les plus misérables de tous les hommes.* Afin donc que les fidelles ne perdent entiérement courage dans de si grandes extrêmitez, le Seigneur vient à leur secours: il les avertit qu'ils doivent s'élever plus haut, & porter plus loin leurs regards, en leur promettant qu'ils trouve-

1. Cor. 15. 19.

veront en lui une beatitude qu'ils ne peuvent point trouver dans le monde. Or il appelle cette beatitude un prix, une récompense, une rétribution: non pour dire que ce bonheur qu'il leur promet soit dû à leurs mérites, mais pour marquer que c'est une compensation, un bien qu'il leur veut accorder pour être équivalent à leurs miséres, à leurs souffrances, aux opprobres dont ils sont couverts. Ainsi il n'y a point d'inconvénient d'appeller avec l'Ecriture la vie éternelle une récompense, vû que par la promesse de cette vie bienheuheureuse le Seigneur fait passer ses enfans, du travail & de la peine au repos, de l'affliction à la prospérité, de la tristesse à la joye, de la pauvreté à l'abondance, de l'ignominie à la gloire, & qu'il change enfin tous leurs maux quelque grands qu'ils soient en des biens encore plus grands. Nous pouvons dire même sans difficulté que la sainteté de vie est une voye qui nous introduit à la gloire éternelle, non qu'elle nous y introduise entant que cause & qu'elle nous en ouvre la porte, mais seulement parce que c'est le chemin dans

dans lequel Dieu fait marcher ses élûs pour les conduire à la manifestation de cette gloire qui leur est réservée dans le Ciel, car enfin, c'est son bon plaisir de glorifier ceux qu'il a sanctifiez. Donnons-nous de garde seulement de croire qu'il y ait de la relation entre le mérite & la récompense, comme se l'imaginent mal à propos les Sophistes, pour ne vouloir pas faire attention à la fin que nous avons exposée. Quelle extravagance n'est-ce point, Dieu voulant que nous tendions à un certain but, de nous détourner vers

Rom. 8
29.

Justification. 541
vers un autre? La récompense n'est promise aux bonnes œuvres que pour soulager la foiblesse de nôtre chair, & nullement pour remplir d'orgueil nôtre cœur; il n'y a rien de plus évident. Il est donc certain que celui qui infére que les œuvres sont méritoires parce que Dieu promet de les récompenser, ou qui fait aller de pair les œuvres & la récompense s'éloigne entiérement du but que Dieu se propose.

V. Il est vrai que l'Ecriture dit ; *que la couronne de justice est réservée à ses serviteurs, laquelle le Seigneur juste*

2. Tim. 4. 8.

juste Juge leur rendra au dernier jour. Mais je répons avec S. Augustin; Comment rendroit-il la Couronne, comme Iuge, s'il n'avoit donné la grace, comme pere miséricordieux? Comment y auroit-il de justice si la grace qui justifie le méchant n'eût précédé. Et comment ces choses nous seroient-elles renduës comme dûës, si elles ne nous eussent été données auparavant sans que nous les eussions méritées? A quoi j'ajoûte encore ceci: Comment atribuëroit-il quelque justice à nos œuvres, s'il ne couvroit par sa bonté ce qui se trouve en elles

S. Augustin à Valent. de la grace & du Franc-Arbitre

les d'injustice? Comment les réputeroit-il dignes de récompense, s'il n'effaçoit entiérement par sa miséricorde infinie ce qu'il y a en elles digne de peine? J'ajoûte cela à la réponse de S. Augustin, parce qu'il a accoûtumé d'appeller grace la vie éternelle, à cause que la vie éternelle n'est donnée pour récompense aux œuvres que par cette raison que ce sont des dons de Dieu accordez aux fidelles gratuitement. Mais l'Ecriture nous abaisse bien davantage, il est vrai qu'en même temps elle nous reléve. Car outre qu'elle nous

nous défend de nous glorifier en nos œuvres parce que ce sont des dons gratuits de Dieu, elle nous enseigne qu'elles sont toûjours impures à quelque égard, ensorte qu'elles ne sçauroient satisfaire à Dieu, si elles étoient examinées à la rigueur. Cependant, afin que nôtre zéle ne s'éteigne, elle dit aussi que Dieu les accepte, parce qu'il en pardonne les defauts. Or quoi que S. Augustin employe des expressions un peu différentes de celles dont nous avons accoûtumé de nous servir nous ne laissons pas d'être d'accord quant

aux

aux choses, comme cela paroîtra par ses propres paroles tirées du Chapitre cinquiéme du troisiéme Livre à Boniface. Il met en cet endroit deux hommes en parallele, l'un d'une sainteté si parfaite qu'elle peut passer pour un miracle, l'autre, homme de bien à la vérité, & distingué par ses bonnes mœurs, mais non pas si parfait toutefois qu'il ne se trouve en lui des defauts : aprés quoi il conclud de cette maniére. *Ce dernier homme paroît beaucoup inférieur au premier à l'égard des mœurs, cependant, parce qu'il a en* une foi sincére par laquelle il vit, & selon laquelle il s'accuse de ses péchez; parce qu'en toutes ses bonnes œuvres il louë Dieu, & qu'il lui en attribuë la gloire, tandis qu'il s'humilie & qu'il est confus; en un mot, parce que c'est de Dieu qu'il reçoit le pardon de ses péchez & le desir qu'il a de faire le bien; un tel homme sera reçû dans le Ciel en la compagnie de Iesus Christ, lors qu'il sortira de ce monde. Pourquoi cela, si ce n'est à cause de la foi, laquelle bien qu'elle ne sauve point l'homme sans les œuvres, car elle est vive & opérante

opérante par la charité, ne laisse pas d'être la cause que les péchez sont pardonnez? En effet, le juste vit de la foi: & sans la foi les œuvres qui paroissent bonnes ne sont à proprement parler que des péchez. Certes S. Augustin confesse ici d'une maniére claire ce que nous soûtenons avec tant d'ardeur, sçavoir que la justice des bonnes œuvres consiste en ce que Dieu les approuve en pardonnant ce qu'elles ont de défectueux.

Habac. 2. 4.

VI. Il y a quelques autres Passages qui ont à peu prés le même sens que ceux que nous

nous venons d'expliquer, comme ceux qui suivent : *Faites-vous des amis des richesses iniques, afin que quand vous defaudrez ils vous reçoivent aux tabernacles éternels. Ordonne aux riches de ce monde qu'ils ne soient point orgueilleux ; qu'ils ne mettent point leur confiance en l'incertitude des richesses, mais au Dieu vivant, qui nous donne abondamment toutes choses pour en jouïr. Qu'ils fassent du bien ; qu'ils soient riches en bonnes œuvres ; qu'ils soient prompts à donner & à faire part de leurs biens à ceux qui en*

Luc 16. 9.

1. Tim. 6. 17. 18. 19.

Justification.

en ont besoin: Se faisant un tresor d'un bon fondement pour l'avenir, afin qu'ils obtiennent la vie éternelle. Les bonnes œuvres, comme l'on voit, sont comparées ici à des richesses dont nous jouïrons dans la beatitude de la vie éternelle. Je répons, que nous n'aurons jamais une véritable intelligence de ces Passages que nous ne connoissions le but que le S. Esprit y a eu. Si ce que dit Jesus Christ est véritable; *que là où est nôtre tresor, là aussi sera nôtre cœur:* comme les enfans du siécle ne s'attachent à rien avec tant d'application

Matth. 6. 21.

tion qu'à aquerir ce qui fait le bonheur de la vie presente; ainsi faut-il que les fidelles, aprés avoir fait réflexion que leur vie passera comme un songe, envoyent là où ils doivent passer une vie solide & réelle les choses dont ils doivent jouïr véritablement. Il faut que nous suivions en cela l'exemple de ceux qui ont fait dessein de quitter un lieu pour aller habiter dans un autre où ils doivent passer le reste de leurs jours. Ils y envoyent tous leurs biens par avance. Ils s'en privent pour quelque temps, mais ils s'en privent sans

sans que cela leur fasse la moindre peine, parce qu'enfin plus ils ont des biens dans le lieu où ils ont résolu d'aller habiter, plus ont-ils de sujet de se croire heureux. Si nous croyons que le Ciel est nôtre patrie, on voit bien qu'il nous est infiniment plus avantageux d'y envoyer nos richesses que de les retenir dans ce monde, où elles seront perduës éternellement pour nous, lors qu'il nous les faudra quitter, ce qui se fera dans un instant. Mais comment les envoyera-t-on dans le Ciel? Ce sera en subvenant aux nécessitez des pauvres:

car le Seigneur déclare qu'il regarde ce qu'on donne aux pauvres comme si on le lui donnoit à lui-même. D'où vient cette excellente promesse: *Celui qui a pitié du pauvre prête à l'Eternel. Celui qui séme libéralement recueillira aussi libéralement.* Toutes les charitez que nous faisons à nos freres sont mises comme en dépôt entre les mains du Seigneur. Or comme c'est un Dépositaire fidelle il nous les rendra un jour, & il nous les rendra même avec usure. Quoi donc, dira ici quelqu'un, Dieu fait-il tant de cas de nos

Matth. 25. 40. Prover. 19. 17. 2. Cor. 9. 6.

nos œuvres de charité, qu'il les regarde comme des richesses dont il veut bien être le gardien? Et pourquoi ne parleroit-on pas ainsi, puisque l'Ecriture parle si souvent de la même maniére; & qu'elle le fait en termes si clairs? Mais si quelqu'un veut passer, de la bénignité de Dieu dont il est ici uniquement parlé, à la dignité des œuvres, ces Passages sont inutiles & n'appuyent nullement cette erreur. Car nous n'en sçaurions inférer autre chose sinon que Dieu a un penchant extraordinaire à exercer sa bonté sur nous, puis

puis que pour nous inciter à faire le bien il nous promet qu'aucune de nos œuvres ne sera perduë, quoi qu'il n'y en ait aucune qui ne soit indigne qu'il y daigne jetter les yeux.

VII. Voici des paroles que les adversaires pressent encore avec beaucoup plus de chaleur. S. Paul voulant consoler les Thessaloniciens dans leurs afflictions, dit qu'elles leur sont envoyées, *afin qu'ils soient estimez dignes du Royaume de Dieu pour lequel ils souffrent. Vû, dit-il, que c'est une chose juste envers Dieu qu'il rende affliction*

2. Thes.
1. 5. 6.
7.

Iustification.

fliction a ceux qui vous affligent, & a vous qui êtes affligez, relasche avec nous, lors que le Seigneur Jesus sera révélé du Ciel. Et l'Auteur de l'Epître aux Hébreux parle de cette maniére: *Car Dieu n'est pas injuste pour oublier vôtre œuvre, & le travail de la charité que vous avez témoignée pour son nom, en ayant assisté les Saints, & en les assistant.* Pour répondre au premier Passage, je dis que l'Apôtre ne veut parler nullement de la dignité du mérite. Il veut seulement dire, que comme Dieu le Pere nous a élûs pour

Hebr. 6 10.

pour être ses enfans, il veut que nous soyons rendus conformes à Jesus Christ, son Fils premier né. Comme donc Jesus Christ a souffert avant que d'entrer en la gloire qui lui étoit destinée, ainsi faut-il que par plusieurs tribulations nous entrions au Royaume des Cieux. Lors que nous sommes affligez pour le nom de Jesus Christ, nous portons imprimées en nous les marques ausquelles Dieu veut qu'on reconnoisse les fidelles, qui sont les brebis de son troupeau. Si donc nous sommes estimez dignes du Royaume des Cieux, c'est c'est par cette raison que nous portons en nôtre corps les flêtrissures du Seigneur Jesus qui sont les enseignes des enfans de Dieu. C'est à quoi se rapporte ce qui est dit ailleurs; *Que nous portons en nôtre corps la mortification de Jesus Christ, afin que la vie de ce divin Sauveur soit aussi manifestée en nôtre corps*, & que nous sommes rendus conformes à ses souffrances pour parvenir à la résurrection des morts. La raison qu'apporte en suite l'Apôtre n'est pas ajoûtée pour faire voir qu'il y a quelque dignité en nos œuvres;

Galat. 6. 17.
2. Cor. 4. 10.
Philip. 3. 10. 11

ce

ce n'est pas ce qu'il veut prouver. Son dessein n'est que de confirmer en nos cœurs l'espérance du Royaume de Dieu. Car en ajoûtant que c'est une chose juste de donner du relâche à ceux qui auront été affligez, c'est tout de même que s'il disoit; que comme c'est de la justice de Dieu qu'il exerce ses jugemens & sa vengeance sur leurs ennemis, à cause des maux qu'ils leur ont fait souffrir, que c'est de la même justice, qu'aprés leurs travaux & leurs afflictions ils jouïssent de quelque repos. Pour ce qui regarde l'au-

2.Thes. 1.7.

l'autre Passage qui semble marquer qu'effectivement Dieu seroit injuste s'il venoit à oublier nos œuvres & le travail de nôtre charité, l'Auteur de l'Epître aux Hébreux nous veut apprendre seulement, que Dieu pour réveiller nôtre paresse veut que nous ayons cette confiance que nôtre travail ne sera jamais vain lors que nous travaillerons pour la gloire de son nom. Souvenons-nous toûjours que cette promesse, de même que toutes les autres, ne nous serviroit absolument de rien si elle n'étoit précédée de l'alliance

liance gratuite de sa miséricorde sur laquelle doit être fondée toute la certitude de nôtre salut. Appuyez sur ce fondement nous devons avoir une confiance certaine que Dieu par sa libéralité ne refusera jamais de récompenser nos œuvres encore qu'elles en soient indignes. Pour nous confirmer dans cette espérance l'Apôtre dit que Dieu n'est pas injuste; qu'il nous accordera par conséquent ce qu'il nous a promis. Mais cela se rapporte plûtôt à la vérité de ses promesses, qu'à cette justice qui rend à chacun ce qui lui ap-

Justification. 561
appartient. Il y a sur ce sujet une parole fort remarquable de S. Augustin, qu'il ne fait pas difficulté de répéter plusieurs fois, & qui mérite certainement d'être imprimée dans nôtre mémoire. *Le Seigneur, dit-il, qui est fidelle, s'est fait nôtre debiteur, non en recevant quelque chose de nous, mais en nous promettant toutes choses.* Sur le Pseaume 32. 109. & ailleurs en plusieurs endroits.

VIII. On allégue encore ces paroles de Saint Paul; *Quand j'aurois toute la foi, tellement que je transportasse les montagnes, si je n'ai point la charité je ne suis rien.* Or maintenant ces trois choses de- 1. Cor. 13.2.13

demeurent, la foi, l'espérance, & la charité: mais la plus grande d'elles c'est la charité. *Et outre cela soyez revêtus de la charité qui est le lien de la perfection.* Nos Pharisiens tâchent de prouver par les deux premiers de ces Passages, que nous sommes justifiez par la charité plûtôt que par la foi, car, disent-ils, la charité est une vertu plus excellente : mais c'est une difficulté qui peut être réfutée aisément. Nous avons fait voir ailleurs en expliquant le premier Passage, qu'il n'y est point parlé de la foi justifiante. Quant au second

Coloss. 3. 14.

cond nous demeurons d'accord qu'il se doit entendre de la véritable foi. Mais il est certain que Saint Paul n'a pas dessein de nous insinuer que la charité soit plus méritoire que la foi : il veut dire seulement, ayant égard aux effets que la charité produit, qu'elle est plus fructueuse, qu'elle s'étend plus loin, qu'elle sert à plusieurs, & qu'elle subsiste toûjours, au lieu que la foi ne doit subsister que pour un temps. S'il s'agissoit ici d'excellence, la dilection de Dieu dévroit à bon droit y tenir la premiére place, cependant,

S. Paul n'en parle point : car il n'a d'autre but que celui-ci, qu'on s'édifie au Seigneur les uns les autres par une charité mutuelle. Mais posons le cas que la charité soit en toutes maniéres plus excellente que la foi, qui sera l'homme de jugement & de sens rassis qui inférera de là qu'elle justifie davantage ? La force de justifier qu'a la foi ne consiste pas en la dignité de quelque œuvre. Comme nôtre Justification consiste en la seule miséricorde de Dieu & au mérite de Jesus Christ, quand la foi embrasse cette miséricorde

&

& ce mérite, elle est dite justifier. Que si on demande à nos Adversaires en quel sens ils attribuent la Justification à la charité, ils répondront que la charité étant une vertu agréable à Dieu, la justice nous est imputée par le mérite de cette vertu, lequel Dieu accepte par sa bonté: si bien que l'on voit clairement quelle est là-dessus leur pensée. Nous disons que la foi justifie, non pas parce qu'elle nous mérite la justice par son excellence, mais parce que c'est un instrument par lequel nous obtenons gratuitement la justice de Jesus Christ : & eux, sans faire mention de la miséricorde de Dieu, ni de Jesus Christ, ce qui fait toute l'essence de la justice, ils soûtiennent que nous sommes justifiez par le moyen de la charité, ce qui est la même chose, que si quelqu'un vouloit soûtenir qu'un Roi est plus propre qu'un Artisan à faire des ouvrages méchaniques, parce que les Rois sont élevez infiniment au dessus de ces sortes d'hommes par leur Dignité & par leur Noblesse. Ce seul raisonnement nous fait voir que les Ecoles de Sorbonne n'ont jamais eu la la moindre teinture de la Justification par la foi. Que si l'on veut chicaner encore sur ce que dans un si petit intervale je prens en un sens différent le nom de foi que Saint Paul employe, je répondrai que j'ai de trés-bonnes raisons pour en user de cette maniére. Il est certain que les dons dont l'Apôtre fait le dénombrement se réduisent en quelque maniére à la foi & à l'espérance, parce qu'ils regardent la connoissance de Dieu, ainsi il les comprend sommairement sous ces deux mots, comme s'il disoit ; Et la Prophetie, & les langues, &

le don d'interpreter, & la science, toutes ces choses tendent à ce but de nous amener à la connoissance de Dieu. Or nous ne connoissons Dieu en cette vie que par l'espérance, & par la foi. Quand je nomme donc la foi, & l'espérance, je comprens tous ces dons ensemble. *Ces trois choses demeurent* donc, *la foi, l'espérance, & la charité*, c'est à dire, quelque variété de dons qu'il y ait, ils se rapportent tous à ces trois vertus, entre lesquelles la charité est la principale. Ils concluent du troisiéme Passage, que si la cha-

charité est le lien de la perfection, il l'est aussi de la justice, qui n'est autre chose que perfection. Premiérement, pour ne dire pas que S. Paul entend ici par la perfection dont il parle l'état d'une Eglise bien réglée, où tous les membres vivent dans l'union & dans la concorde, accordons leur que l'homme est parfait devant Dieu par la charité, que nous opposent-ils de nouveau ? Car je leur repliquerai toûjours pour leur prouver le contraire, que nous ne parvenons jamais à cette perfection que nous ne remplissions tous les de-

devoirs de la charité: & de là je tirerai cette conséquence, qu'étant tous généralement autant éloignez que nous sommes de les pouvoir remplir, il ne nous reste aucune espérance d'être parfaits.

IX. Je ne veux point examiner tous les autres témoignages de l'Ecriture que les Docteurs de Sorbonne alléguent encore contre nous. Comme ils les alléguent la plûpart sans choix, & tels qu'ils se présentent à leurs yeux, ils en forment des objections si absurdes qu'il faudroit être ridicule pour s'amuser à y répondre. Je finirai

rai donc cette matiére aprés avoir expliqué la réponse que Jesus Christ fait à cet homme de l'Evangile qui lui demande quelles choses sont nécessaires pour être sauvé. *Si tu veux entrer en la vie*, Matth. 19. 17. lui répond ce bienheureux Sauveur, *garde les commandemens*. Que voulons-nous davantage, disent-ils, car cette réponse leur inspire une merveilleuse confiance, que voulons-nous davantage, puis que l'Auteur de la grace nous commande lui-même d'aquérir le Royaume de Dieu par l'observation des commandemens de la Loi ?
Com-

Comme si ce n'étoit pas une chose constante que Jesus Christ s'est toûjours conformé dans ses réponses à ceux avec lesquels il avoit à faire. Ici un Docteur de la Loi lui demande quelle est la voye qu'il doit suivre pour être éternellement heureux: & voici de quelle maniére il s'exprime. *Maistre qui es bon*, lui dit-il, *quel bien ferai-je pour avoir la vie éternelle?* Soit qu'on ait égard à celui qui parle, soit qu'on considére la demande en elle-même, tout obligeoit le Sauveur du monde à répondre comme il répondit. Ce Docteur rempli

pli de la fausse opinion qu'il avoit de la justice légale étoit entiérement aveuglé de la confiance qu'il mettoit en ses œuvres. D'ailleurs, il ne demandoit autre chose que de sçavoir quelles étoient les œuvres de justice par lesquelles on pouvoit aquérir le salut. C'est donc à bon droit qu'il est renvoyé à la Loi qui est le miroir parfait de la justice; & nous ne parlons pas d'autre maniére. Nous prêchons hautement qu'il faut garder les commandemens de la Loi, si l'on cherche la justice dans les œuvres. Et c'est une doctrine dans laquelle

quelle il est nécessaire que les Chrétiens même soient instruits : car comment auroient-ils recours à Jesus Christ, s'ils ne sçavoient qu'ils suivent les sentiers de la mort dans laquelle ils se sont précipitez ? Et comment sçauroient-ils à quel point ils sont égarez du chemin de la vie, s'ils ignoroient quel est ce chemin ? Du moment donc qu'ils viennent à sentir combien leur vie est éloignée de cette justice que Dieu exige, lors qu'il exige l'observation de la Loi, ils reconnoissent la nécessité indispensable qu'il y a de recourir

courir à Jesus Christ pour recouvrer leur salut. Ceci signifie en un mot, que si nous cherchons le salut en nos œuvres, il faut que nous gardions les commandemens qui nous enseignent que nous devons avoir une justice parfaite, mais que cependant personne ne les pouvant garder, ce n'est pas là qu'il faut que nous nous arrêtions, si nous ne voulons succomber au milieu de nôtre course. Puis donc que nous nous voyons exclus de la justice qui est par la Loi, il est nécessaire que nous cherchions un autre refuge, &

& ce refuge est la foi en Jesus Christ. Voila pourquoi, si le Seigneur dans cet endroit renvoye à la Loi ce Docteur de la Loi, qu'il voyoit enflé de la vaine confiance qu'il avoit en ses œuvres, afin qu'il se reconnût pécheur, & sujet à la condamnation éternelle; il console ailleurs par la promesse de sa grace, sans faire mention de la Loi, ceux que la connoissance de ce qu'ils sont humilie. *Venez à moi, dit-il, vous tous qui êtes travaillez & chargez, je vous soulagerai, & vous trouverez repos à vos ames.*

Matth. 11.|28. 29.

X. En-

Justification.

X. Enfin, aprés que nos Adversaires se sont lassez de renverser l'Ecriture, ils en viennent aux subtilitez & aux Sophismes, & voici sur quoi ils chicanent. Ils disent que la foi est appellée œu-*Jean 6.* vre: & de là ils concluent *29.* que nous faisons mal de l'opposer aux œuvres: comme si la foi nous obtenoit la justice par son mérite entant que c'est une obéïssance à la volonté Divine, & que ce ne fût pas plûtôt entant qu'en embrassant la miséricorde de Dieu elle scelle en nos cœurs la justice de Jesus Christ, laquelle cette mi-
séri-

séricorde nous offre dans la prédication de l'Evangile. Si je ne m'arrête pas à réfuter des raisons qui sont si peu de chose, les Lecteurs me pardonneront, parce qu'elles se détruisent d'elles-mêmes, sans qu'on prenne la peine de les combattre. Il est nécessaire toutefois que nous répondions en passant à une objection qu'ils nous font, parce qu'ayant quelque apparence de raison, elle pourroit faire quelque peine à ceux qui ne sont pas exercez dans ces matiéres. Puis, disent-ils, que le sens commun nous dicte qu'il y doit

doit avoir une même règle pour les choses qui sont opposées entr'elles, & que d'ailleurs il est véritable que nos péchez nous sont imputez à injustice, ne doit-on pas conclurre par la même raison que nos bonnes œuvres nous doivent être imputées à justice? Ceux qui répondent que la condamnation procéde proprement de l'incrédulité, & non des péchez particuliers ne me satisfont pas. Certes je demeure d'accord avec eux que la source & la racine de tous les maux est l'incrédulité: car c'est le premier pas

que nous faisons lors que nous commençons à nous révolter contre Dieu, & de là naissent les autres péchez particuliers que nous commettons en transgressant la Loi. Mais parce qu'il semble qu'ils mettent comme dans une même balance les bonnes œuvres & les mauvaises, pour juger de la justice & de l'injustice, j'avouë que je suis contraint en cela de m'éloigner de leur sentiment: car enfin, la justice des œuvres est la parfaite observation de la Loi. De maniére que nul ne peut être juste par les œuvres,
que

que pendant tout le cours de sa vie il ne s'attache à observer la Loi de Dieu, sans se détourner d'un côté ni d'autre de cette voye qui lui est prescrite : & du moment qu'il s'en écarte, il est tombé dans l'injustice. D'où il paroît que la justice ne consiste pas en une seule œuvre, ou en quelque petit nombre de bonnes œuvres, mais dans une observation assiduë & infatigable de la volonté de Dieu. Mais il y a bien de la différence lors qu'il s'agit de juger de l'injustice. Celui qui a paillardé, ou dérobé devient coupable de la mort

mort par ce seul crime, parce qu'il a offensé la Majesté Divine. Ce qui fait que nos Sophistes se trompent, c'est qu'ils ne font pas attention à ce que dit S. Jaques; *Que quiconque aura gardé toute la Loy, s'il vient à manquer en un seul point, il est coupable de tous*, parce que celui qui a défendu de tuer a aussi défendu de dérober, & ainsi des autres commandemens. Il ne doit pas donc paroître absurde que nous disions que la mort est la juste récompense de chaque péché, puis que tous les péchez sont dignes de la juste co-

Jaques 2. 10.

colére & de la juste vengeance de Dieu. Au lieu que ce seroit un raisonnement ridicule si l'on inféroit en tirant une conséquence opposée, que l'homme peut être réconcilié avec Dieu par une seule bonne œuvre, tandis qu'il se rend digne de son ire par une infinité de péchez.

F I N.

www.ingramcontent.com/pod-product-compliance
Lightning Source LLC
Chambersburg PA
CBHW070405230426
43665CB00012B/1246